Colloquial
Scottish Gaelic

The Colloquial Series

Series adviser: Gary King

The following languages are available in the Colloquial series:

Afrikaans
Albanian
Amharic
Arabic (Levantine)
Arabic of Egypt
Arabic of the Gulf and
  Saudi Arabia
Basque
Bulgarian
* Cambodian
* Cantonese
* Chinese
Croatian and Serbian
Czech
Danish
Dutch
Estonian
Finnish
French
German
Greek
Gujarati
Hindi
Hungarian
Indonesian
Italian

Japanese
Korean
Latvian
Lithuanian
Malay
Mongolian
Norwegian
Panjabi
Persian
Polish
Portuguese
Portuguese of Brazil
Romanian
* Russian
Slovak
Slovene
Somali
* Spanish
Spanish of Latin America
Swedish
* Thai
Turkish
Urdu
Ukrainian
* Vietnamese
Welsh

Accompanying cassette(s) (*and CDs) are available for all the above titles. They can be ordered through your bookseller, or send payment with order to Taylor & Francis/Routledge Ltd, ITPS, Cheriton House, North Way, Andover, Hants SPI0 5BE, UK, or to Routledge Inc., 29 West 35th Street, New York, NY 10001, USA.

COLLOQUIAL CD-ROMs
Multimedia Language Courses
Available in: Chinese, French, Portuguese and Spanish

Colloquial
Scottish Gaelic

The Complete Course
for Beginners

Katherine M. Spadaro and
Katie Graham

London and New York

First published 2001 by Routledge
11 New Fetter Lane, London EC4P 4EE

Simultaneously published in the USA and Canada
by Routledge
29 West 35th Street, New York, NY 10001

Routledge is an imprint of the Taylor & Francis Group

Typeset in Times Ten by Florence Production, Stoodleigh, Devon.
Printed and bound in Great Britain by Clays Ltd, St Ives plc

British Library Cataloguing in Publication Data
A catalogue record for this book is available from the British Library

Library of Congress Cataloging in Publication Data
Spadaro, Katherine M., 1965–
     Colloquial Scottish Gaelic : the complete course for beginners /
     Katherine M. Spadaro and Katie Graham.
        p. cm
     1. Scottish Gaelic language—Textbooks for foreign speakers—
     English. 2. Scottish Gaelic language—Self-instruction.
     I. Graham, Katie, 1939– II. Title.

PB1523 .S63 2001   00-055221
491.6′382421—dc21

ISBN 0–415–20675–8 (book)
ISBN 0–415–20676–6 (cassettes)
ISBN 0–415–20677–4 (book and cassettes course)

'... às gach uile thrèibh, agus theangaidh, agus shluagh, agus chinneach ... '

(Revelation 7:9b)

Contents

Introduction

> Ultimately, the use of Gaelic is not just a Scottish issue. It is an issue of human dignity, of belonging, and of justice.
>
> (From the petition entitled 'Secure Status for Gaelic', signed by 10,000 members of the Gaelic community, and sent to the British Government in December 1997.)

Gaelic has a long and turbulent history in Scotland. It probably arrived with Irish settlers (called 'Scotti' by the Romans) between the fourth and sixth centuries AD. Gradually the numbers and influence of these settlers expanded, and from the west coast they and their language spread over the whole country. As a result, Gaelic had become the language of all levels of society in Scotland by about the tenth century. It gradually diverged from the original Irish to become a distinct language. Although the influence of the English language from the south gradually eroded the position of Gaelic, scholars and poets continued to flourish in the west and north of the country. It was not until the eighteenth century and the Jacobite rebellions that there was a concerted and ruthless effort on the part of the government to eradicate the language completely. Following the Battle of Culloden in 1746 many expressions of Highland culture, including language and music, were severely suppressed. The Highland Clearances of the following century, where thousands of Gaelic-speaking Scots were forced to leave their birthplaces at the whim of wealthy landowners, dealt a further blow to the language. And even during the twentieth century, many Gaelic speakers in the Highlands and Hebrides could recall being punished by their teachers for using Gaelic in school. Times have changed. The resurgence of a sense of nationalism and pride in Celtic identity has given new life to the most widely spoken Celtic languages: Scottish Gaelic, Irish Gaelic and Welsh.[1]

1 The other Celtic languages are Manx, Cornish and Breton. All of the Celtic languages are part of the larger Indo-European family, to which English also belongs.

This Gaelic renaissance is evident not just in the traditional areas of the Highlands and Islands, but in Gaelic societies and classes as far away from Scotland as Nova Scotia and Australia. The BBC's Gaelic service, Craoladh nan Gaidheal, is flourishing, with hundreds of hours of television and radio broadcasting every year. And perhaps most importantly, for the survival of a language always depends on its acceptance and use by new generations, the Gaelic pre-school movement in Scotland is flourishing. From a tiny beginning with four playgroups in 1982, Comhairle Nan Sgoiltean Araich (The Gaelic Pre-school Council) now runs over 140 play-groups, catering to thousands of children, throughout Scotland. This single statistic represents a tremendous commitment on the part of countless Gaelic speakers, both natives and learners, to the future of the language.

We hope that you find this book to be an enjoyable and practical introduction to the language. We have tried to organise the material to give you the greatest opportunity to develop real conversational fluency with other Gaelic speakers. Certainly there are some ways in which Gaelic is rather different from English, but these aspects do not necessarily make the language 'difficult' – they just need a little bit of practice! You will become familiar with them gradually as you progress through the book. Developing any skill requires an investment of time and concentration, and learning a language is no different. We hope that the investment you make will repay you with new understanding of an ancient culture which has refused to die; indeed, which still has a vital role to play.

Katherine Macleod Spadaro
Catherine I. (Katie) Graham

English borrowings from Gaelic

achadh a field	Ach (in place names)
àrd high, a high place	Ard, Aird (in place names)
baile a village/town	Bal . . . (in place names)
bàrd a poet	bard
beinn a hill	ben
bog soft, wet	bog
bròg a shoe	brogue
bùrn water	a burn, a stream
cabar a stick, a pole	caber
càrn a pile of stones	cairn
cèilidh a get-together	ceilidh
clann children	clan
claidheamh a sword	claymore (a big sword)
clàrsach a harp	clarsach
cnoc a hillock	knock (in place names)
creag a rock	craig, crag
dùn a heap, a hillock	dune
dùn a fort	Dun (in place names)
gille a lad, a servant	gillie
gleann a glen	glen
gu leòr plenty, enough	galore
loch a loch, a lake	loch
machair	machair, low-lying ground by the seashore
mòr big	more (in place names)
plaide a blanket	plaid
Sasannach an Englishman	Sassenach
seann taigh an old house	shanty
sluagh ghairm a call to battle	slogan
sporan a purse	sporran
strath a broad valley	strath

triubhais trews		trousers
uisge-beatha water of life		whisky
is math sin that is good		smashing!

Pronunciation guide

The alphabet

The Gaelic language uses a smaller alphabet than the English one, with eighteen letters altogether. They are the vowels: **a e i o u** and the consonants: **b c d f g h l m n p r s t**.

The letter **h** is only used (internally) in a word to change the sound of another consonant, (e.g., **bh** sounds like English **v**), or it may be retained at the beginning of words borrowed from English.

The remaining letters of the English alphabet – **j k q v w x y z** – are used occasionally in spelling modern words borrowed from English.

The vowels

Gaelic vowels are divided into two groups, called 'broad' and 'slender' vowels:

a, o and **u** are known as broad vowels
e and **i** are known as slender vowels.

Vowel sounds are lengthened by the use of accents. There have traditionally been two kinds of accents: acute (**á**) and grave (**à**). The acute accent is not in general use any more.

The grave accent, however, does modify the sound, and consequently the meaning:

Example: **bata** a stick **bàta** a boat

Letter	Approximate English equivalent	Gaelic example	
a	*a*t	**bata**	a stick
à	f*a*r	**bàta**	a boat
e	g*e*t	**le**	with
è	l*e*nd	**tè**	one female

è	also	s*ay*	**cèilidh**	a visit
i		*in*	**sin**	that
i	also	k*ee*p	**i**	she
ì		pl*ea*	**mìle**	a mile
o		*on*	**don**	to the
ò		c*or*n	**bròg**	a shoe
ò	also	m*ow*	**mòr**	big
u		b*oo*k	**rud**	a thing
ù		r*u*le	**cù**	a dog

(Note that some letters can be pronounced in more than one way. Note too that the English equivalents are *very* approximate, as the pronunciation of vowels varies enormously in different English-speaking parts of the world.)

Vowel combinations

ao	t*i*n	**aon**	one
aoi	uh-yee	**a-raoir**	last night
ea	t*e*ll	**fear**	a man
eu	*ay*\ee-a	**feur**	grass
ia	ee-uh	**iar**	west
io	p*i*n	**bior**	a pin
ìo	ee	**fìor**	true
iu	ee-oo	**fliuch**	wet
ua/uai	oo-uh	**fuar,**	cold,
		uair	time

(Several of these have no real English equivalent.)

Consonants

Gaelic spelling is regulated by the position of broad and slender vowels. The rule states 'broad to broad, and slender to slender', which means that if a consonant is preceded by a broad vowel it must be followed by a broad vowel, and if a consonant is preceded by a slender vowel it must be followed by a slender vowel.

Consequently, we refer to 'broad consonants' and 'slender consonants', (depending on the vowels that come before and after them).

Example: **balla** a wall (broad) **u*i*nneag** a window (slender)

Broad consonants sound approximately like the English equivalents with a few exceptions:

b sounds as in English at the beginning
    of a word   e.g. **bàn** fair
    elsewhere it has a **p** sound   e.g. **abair** say
c is always a **k** sound   e.g. **cò** who
d sounds as in English at the beginning
    of a word   e.g. **do** your
    elsewhere it has a **t** sound   e.g. **ad** hat
g sounds as in English at the beginning
    of a word   e.g. **gu** to
    elsewhere it has a harder **k** sound   e.g. **agam** at me

T is thicker than the English **t**. Try putting your tongue a little further forward on your alveolar ridge – the ridge just behind your top front teeth.

Slender consonants are often followed by a **y** sound.

d sounds as in English **j** at the beginning
    of a word   e.g. **dè** what
    elsewhere as a **ch** sound   e.g. **idir** at all
g sounds like **gy**   e.g. **geal** white
l sounds like **y** at the beginning of a word e.g. **lit** porridge
ll as in mi*lli*on   e.g. **gille** lad
n as in *n*ew   e.g. **nead** a nest
nn as in o*ni*on   e.g. **uinneag** window
s sounds like **sh**   e.g. **seo** here
t sounds like **ch**   e.g. **teth** hot

Consonant combinations

bh sounds like **v** (but is silent
    in the middle of some words) e.g. **bha** was   va
                              leabhar a book   lyeeo-ar
fh sounds like **h** in words like
    fhèin self, **fhuair** found,
    fhathast yet – otherwise silent
mh sounds like **v** (more nasal
    than **bh**)   e.g. **amharc** to look avark
ph sounds like **f**   e.g. **a' phiseag** the kitten
                           u feeshac
ch (+ **a**, **o**, **u**) sounds like **ch**   e.g. **cha** (negative part of a
    as in **loch**   verb)
ch (+ **e**, **i**) sounds like **h** as
    in **hue**   e.g. **chì** will see

chd sounds like **chk**	e.g. **cuideachd** also	
gh (+ **e**, **i**) sounds like **y**	e.g. **taigh** a house	
th usually sounds like **h** at the beginning of a word (although it is silent in the word **thu**)	e.g. **tha** is	ha
dh sounds like **gh** = y	e.g. **dhi** to her	yee

Stress

Normally, the stress falls on the first syllable in a Gaelic word – e.g. **Gàidhlig**, **Màiri**, **Alba**. However, recent borrowings show the same stress patterns as their English origins – e.g., **giotàr**, **piàno**.

1 A bheil Gàidhlig agad?

Do you speak Gaelic?

In this lesson you will learn:

- how to address people in Gaelic, both informally and formally
- how to introduce yourself
- word order in Gaelic
- how to say that you can speak a language
- how to use Gaelic names
- the verb 'to be', present tense

Dialogue 1 ▭

Gabhaibh mo leisgeul!

Excuse me!

Mairi MacLeod, a young tourist from Australia, arrives at a bus depot in Inverness.
   She approaches a lady who is also waiting for a bus.

MAIRI: Gabhaibh mo leisgeul. A bheil Gàidhlig agaibh?
SINE: Tha Gàidhlig agus Beurla agam.
MAIRI: O, is math sin.
        Is mise Màiri NicLeòid.
SINE: Halò, a Mhàiri. Ciamar a tha thu?
MAIRI: Tha mi gu math, tapadh leibh. Ciamar a tha sibh fhein?
SINE: Tha mi gu math, tapadh leat.
        Is mise Sìne Chaimbeul.
MAIRI: Tha mi toilichte ur coinneachadh, a Shìne.

MAIRI: *Excuse me. Do you speak (have) Gaelic?*
JEAN: *I speak (have) Gaelic and English.*

MAIRI: *O, that's good.*
I'm Mairi MacLeod.
JEAN: *Hello, Mairi. How are you?*
MAIRI: *I'm well, thank you.*
How are you (yourself)?
JEAN: *I'm well, thank you. I'm Jean Campbell.*
MAIRI: *I'm pleased to meet you.*

Language points

The phrase **is math sin**, meaning 'that's good', is thought by some people to be the source of the English expression 'smashing'.

thu/sibh

Like many other European languages (but not English!), Gaelic has two different words for 'you'. **Thu** is used with children, younger people, family members, friends, and other people you know quite well. **Sibh**, on the other hand, is used for older people, anyone you want to show respect to, and also to mean 'you' in a plural sense, when addressing more than one person. If you look at the dialogue again you will see that Jean, who is older, says **Ciamar a tha thu?** 'How are you?' to the younger tourist, while Mairi says more formally, **Ciamar a tha sibh fhein?** 'How are you yourself?'. So, several of the useful expressions from the dialogue come in two versions: one which is suitable for speaking to people of the same or lower status, and one which is used to show respect or to speak to more than one person. If in doubt it is probably better to use the **sibh** form, although people would not normally take offence if you use the wrong form by accident!

thu	*sibh*
Ciamar a tha thu?	**Ciamar a tha sibh?**
Gabh mo leisgeul!	**Gabhaibh mo leisgeul!**
Tapadh leat!	**Tapadh leibh!**

Exercise 1

Which of the above expressions would you use if you wanted to:

1 Thank your sister for bringing you a cup of tea?

2 Excuse yourself as you squeezed past the minister on a crowded ferry?
3 Ask after the health of your elderly grandmother?
4 Thank a group of work colleagues who have bought you a birthday present?
5 Ask your best friend how he is?

Word Order

The usual structure of an English sentence is: subject–verb–object. For example: 'I saw you'. (Sometimes, of course, the object is not necessary.)

One of the major differences between Gaelic and English is that a Gaelic sentence reverses the order of the subject and verb. Normally, the order is: verb–subject–object.

So, 'I saw you' becomes:

Chunnaic – mi – thu
saw   I   you

This might seem a little confusing at first, because placing a verb in front of a subject is a way of making questions in English. In Gaelic, though, questions are made quite differently, as we'll explain later.

Here are two more examples from the dialogue to explain the word order:

Tha mi gu math.   I am fine.
Tha mi toilichte.   I am happy.

The word **tha** is part of the verb 'to be', and is translated 'am', 'is' or 'are'. So **tha mi** means 'I am', and **gu math** and **toilichte** are the adjectives for 'fine' and 'happy'.

Introducing yourself

The dialogue also gives you expressions you can use when you want to find out another person's name, or give them your own. The Gaelic version of 'What is your name?' is:

Dè an t-ainm a tha ort? (*lit*. What name is on you?)
Dè an t-ainm a tha oirbh? is the more formal **sibh** version.

You can also ask **Cò thusa?** or **Cò sibhse?** – 'Who are you?'
To identify yourself, say:

Is mise ...   I am ...

Mairi says **Is mise Màiri Nicleòid**. Practise saying this phrase with
your own name. If your name is a Scottish one you might find out
below that it has a special Gaelic version.

Speaking languages

A useful expression is:

Tha Gàidhlig agam.   I can speak Gaelic.
                               (*lit.* I have Gaelic).
Tha Beurla agam.   I can speak English.

Other languages you might know are **Fraingis** 'French', **Gearmailtis**
'German' or **Spàinntis** 'Spanish'.

Dialogue 2 🔘

An ticead

The ticket

The bus arrives and Mairi speaks to the driver.

MAIRI: Tha mi a' dol gu Port Rìgh, mas e ur toil e.
AN DRAIBHEAR: Glè mhath!
MAIRI: Dè a' phrìs a tha ticead gu Port Rìgh?
AN DRAIBHEAR: Deich notaichean, mas e do thoil e.
MAIRI: Deich notaichean! Tha sin daor!
AN DRAIBHEAR: Tha, ach tha Port Rìgh fad as, nach eil?
MAIRI: Tha sin ceart. Tapadh leibh.

MAIRI: *I'm going to Portree, please.*
DRIVER: *Very good!*
MAIRI: *How much does a ticket to Portree cost?*
DRIVER: *Ten pounds, please.*
MAIRI: *Ten pounds! That's expensive!*
DRIVER: *Well, Portree's a long way away, isn't it?*
MAIRI: *That's true. Thank you.*

Language points

Mas e do thoil e and **mas e ur toil e**[1] both mean 'please'. The first is the less formal **thu** version, and the second is for **sibh**. The Gaelic expressions for 'please' are not used quite as often in everyday conversation as the equivalent in English.

Tha mi duilich 'I'm sorry' is another very useful expression. It can be used for apologising or commiserating.

Glè mhath, literally 'very good', is often used to mean, 'that's fine' or 'okay'. You can also use it if somebody asks you how you are.

Nach eil corresponds to 'isn't it' in English. It is part of the verb 'to be' which we will explain a little later in the lesson. This is a useful little phrase to add on to sentences, in much the same way as you do in English.

It's a long way, isn't it?

Money

Dè a' phrìs a tha ... ? What is the price of ... ?

Another way of saying the same thing is: **Dè na tha ... ?** 'How much is ... ?'

With the word **seo** 'this', and pointing, you can ask the price of almost anything!

Dè a' phrìs a tha seo? Dè na tha seo? How much is this?

airgead	money
not	a pound (i.e. a pound note) **notaichean** – pounds (plural)
sgillinn	pence
daor	expensive
saor	cheap

Exercise 2

1 What would you say if you trod on someone's foot?
2 What do you call the contents of your wallet or purse?

1 **Ur** is actually short for the word **bhur**, but is normally written without the apostrophe nowadays.

3 How would you ask the price of something?
4 What polite expression would you add to a request to a stranger?

Dialogue 3 🔲🔲

Air a' bhus

On the bus

Mairi and Jean find their seats on the bus.

SINE: Tha mi sgìth, a Mhàiri.
MAIRI: Tha mise sgìth cuideachd!
SINE: Cò às a tha thu, a Mhàiri?
MAIRI: Tha mi à Astràilia.
SINE: Mo creach, tha Gàidhlig agad!
MAIRI: Tha beagan Gàidhlig agam.
SINE: Glè mhath!

JEAN: *I'm tired, Mairi.*
MAIRI: *I'm tired, too!*
JEAN: *Where are you from, Mairi?*
MAIRI: *I'm from Australia.*
JEAN: *My goodness, you speak Gaelic!*
MAIRI: *I speak a little bit.*
JEAN: *Very good!*

Language points

Cò às a tha thu?   Where do you come from?
Cò às a tha sibh?
Tha mi à Astràilia.   I come from Australia.

Some other countries are: **Alba** 'Scotland'; **Sasainn** 'England'; **Eirinn** 'Ireland'; **Amaireaga** 'America'; **Canada** 'Canada'.

Mo creach! – similar in function to 'my goodness!' – is a useful expression for any time that you feel surprised or impressed.

Names

Some common feminine names in Gaelic are:

Anna Annie, Ann	**Barabal** Barbara	**Cairistìona** Christine
Catrìona Catherine	**Ealasaid** Elizabeth	**Eilidh** Helen
Iseabail Isabella, Isobel	**Mairead** Margaret	**Màiri** Mary, Mairi
Mòr, Mòrag Marion, Morag	**Peigi** Peggy	**Seonag** Joan
Seònaid Janet	**Sìne** Jean	

Sometimes the name (or noun) changes slightly when you actually address the person (the vocative case). There is no change for feminine names which begin with a vowel (e.g., **Ealasaid** and **Anna**). But other feminine names are 'lenited' – in other words, an extra **h** is inserted after the first consonant, affecting the pronunciation. Normally **a** is also said in front of those names. So if you were calling out the names above you would say:

Anna	**a Bharabal** (bh = v)	**a Chairistìona**	**a Chatrìona**
	Ealasaid	**Eilidh**	**Iseabail**
a Mhairead (mh = v)	**a Mhàiri** (mh = v)	**a Mhòrag** (mh = v)
a Pheigi (ph = f)		
a Sheonag (silent s)	**a Sheònaid** (silent s)	**a Shìne** (silent s)

Here are some common masculine names in Gaelic:

Ailean Alan	**Alasdair** Alasdair	**Aonghas** Angus
Cailean Colin	**Calum** Malcolm	**Coinneach** Kenneth
Dàibhidh David	**Dòmhnall** Donald	**Donnchadh** Duncan
Iain Iain	**Iomhar** Ivor	**Murchadh** Murdo
Niall Neil	**Ruaraidh** Roderick	**Seòras** George
Seumas James	**Tormod** Norman	

Like the female names, masculine nouns or names also change in the address or vocative form. All the masculine names have their last consonant slenderised, if this is possible (i.e., an **i** is added), and those that begin with a consonant are lenited. So, if you wanted to call to the men named above, you would say:

Ailein	**Alasdair**	**Aonghais**	**a Chailein**	**a Chaluim**	**a Choinnich**
a Dhàibhidh		**a Dhòmhnaill**	**a Dhonnchaidh**	**Iain**	**Iomhair**
a Mhurchaidh (mh = v)			**a Neill** (vowel change)		
a Ruairidh (first syllable slenderised)			**a Sheòrais** (silent s)		
a Sheumais (silent s)			**a Thormoid** (silent t)		

Some common surnames are:

Caimbeul Campbell	**Camshron** Cameron
Friseal Fraser	**Greum** Graham
MacAoidh MacKay	**MacAonghais** MacInnes
MacChoinnich MacKenzie	**MacDhòmhnaill** MacDonald
Mac a' Ghobhainn Smith	**MacIlleathain** MacLean
MacIomhair MacIver	**MacLeòid** MacLeod
Mac a'Phì MacPhee	**Stiùbhart** Stewart

If you have a **Mac** name in English, it remains the same for every member of the family. But in Gaelic, **Mac** (which means 'son of') changes to **Nic** (short for daughter of) when it is used in female names.

So, Alan MacLeod = **Ailean MacLeòid**
Mairi MacLeod = **Màiri NicLeòid**

Surnames which do not start with **Mac** undergo another change: they lenite in the female form (i.e. an extra **h** is added after the first consonant).

So, Jean Campbell = **Sìne Chaimbeul**

Exercise 3

Can you translate these?

1 I am Catherine MacDonald.
2 I am James Smith.
3 I am Anna Fraser.

If your name is of Gaelic origin, see if you can now introduce yourself the Gaelic way.

The verb 'to be' 🔲

Perhaps you noticed some of the examples of the Gaelic verb 'to be' in the dialogues above. It is a very important verb if you want to describe a person or thing, and can also be used to describe what is happening at the moment of speaking, as we will explain later. In order to make a present tense sentence using **bi** (the Gaelic version of the verb 'to be'), you simply have to use the word **tha** (pronounced ha).

For example:

Tha sin ceart.	That is right.
Tha an ticead daor.	The ticket is expensive.
Tha mi duilich.	I'm sorry.

Tha is used in the present tense for any person or thing, masculine or feminine, singular or plural. So you have:

Tha mi.	I am.	**Tha sinn.**	We are.
Tha thu.	You are.	**Tha sibh.**	You are (plural /polite sing.).
Tha e.	He (or it) is.	**Tha iad.**	They are.
Tha i.	She (or it) is.		

In Gaelic all nouns are masculine or feminine, so there is no exact equivalent of the word 'it'. (The glossary tells you whether a particular noun is masculine or feminine.) You have to use **e** as the pronoun for masculine nouns, and **i** as the pronoun for feminine nouns.

If you want to make a negative statement you use the phrase **chan eil** in front of the pronoun or name. Here is the pattern:

Chan eil mi.	I am not.	**Chan eil sinn.**	We are not.
Chan eil thu.	You are not.	**Chan eil sibh.**	You are not (plural/polite sing.).
Chan eil e.	He (or it) is not.	**Chan eil iad.**	They are not.
Chan eil i.	She (or it) is not.		

Example:	**Chan eil sin ceart!**	That's not right!
	Chan eil mi sgìth.	I'm not tired.

Adjectives

Here are some of the adjectives you have already encountered in this lesson, followed by a few new ones:

gu math[2]	fine, well	**sgìth**	tired
toilichte	happy	**duilich**	sorry/sad
aosda	old	**òg**	young
reamhar	fat	**caol**	thin

Exercise 4

Make as many sentences as you can, using the present tense and the above adjectives, about the following people.

1 Yourself.
2 Your spouse or a close friend.
3 A neighbour.
4 Someone you work or study with.

> *Example*: **Tha e caol.**   He's thin.
> **Chan eil i toilichte.**   She's not happy.

You can, of course, use a proper name instead of a pronoun – for example:

Tha e reamhar.   or   **Tha Iain reamhar.**

Questions

To make questions with the verb 'to be', you use the phrase **a bheil ...** . So the pattern is as follows:

A bheil mi?	Am I?	**A bheil sinn?**	Are we?
A bheil thu?	Are you?	**A bheil sibh?**	Are you (plural/polite sing.)?
A bheil e?	Is he/it?	**A bheil iad?**	Are they?
A bheil i?	Is she/it?		

---

2 Technically, **math** is the adjective and **gu math** the adverb, but **gu math** is the phrase normally used with the verb **bi**, 'to be', to talk about health.

Example: **A bheil thu sgìth?**   Are you tired?
               A bheil iad gu math?   Are they well?

Negative questions

In Dialogue 2 we had the question **Tha Port Rìgh fad as, nach eil?**
The pattern is as follows:

Nach eil mi?	Am I not?	**Nach eil sinn?**	Are we not?
Nach eil thu?	Are you not?	**Nach eil sibh?**	Are you not (plural/polite sing.)?
Nach eil e?	Is he /it not?	**Nach eil iad?**	Are they not?
Nach eil i?	Is she/it not?		

Present tense of other verbs

The verb 'to be' is very versatile because it can combine with other
verbs to say what people are doing at the present time. The word
in the middle, **ag**, (shortened to **a'** before a consonant), means 'at',
so a literal translation of the example below would be something
like 'She is at learning Gaelic'.

Example:

Tha i ag ionnsachadh Gàidhlig.   She is learning Gaelic.
Tha mi a' leughadh.   I am reading.

Here is a list of some of the most commonly used verbs.

a' bruidhinn	speaking	**ag ithe**	eating
a' cèilidh	visiting	**a' leughadh**	reading
a' cluich	playing	**a' pòsadh**	marrying
a' coiseachd	walking	**ag ràdh**	saying
a' dèanamh	doing	**a' ruith**	running
a' gàireachdainn	laughing	**a' seinn**	singing
ag òl	drinking	**a' tighinn**	coming
ag ionnsachadh	learning		

Exercise 5

Take a look at the pictures below. How would you describe what the people are doing?

Exercise 6

Take a look at the list of questions below and make honest answers about yourself.

1 A bheil thu ag òl?
2 A bheil thu ag ionnsachadh?
3 A bheil thu ag ithe?
4 A bheil thu a' leughadh?
5 A bheil thu a'coiseachd?

Can you use any of the verbs you've learned in this chapter to describe what people around you are doing (or not doing)?

Reading 1 ▣

Is mise Màiri. 'Se oileanach a th' annam ann an Oilthigh Sydney. Tha beagan Gàidhlig agam. Tha mi ag iarraidh tuilleadh Gàidhlig ionnsachadh agus thàinig mi a dh'Alba. 'S ann à Alba a tha an teaghlach agam agus tha mòran chàirdean agam an seo. Tha mi nam shuidhe air a' bhus a' dol gu Port Rìgh. Tha Astràilia fad' air falbh. Tha mi a' faireachdainn sgìth. Tha tè rim thaobh air a' bhus aig a bheil Gàidhlig cuideachd. 'Se Sìne an t-ainm a tha oirre. Tha sinn a' tuigsinn a chèile ceart gu leòr.

Vocabulary

oileanach	student	**air a' bhus**	on the bus
oilthigh	university	**a' faireachdainn**	feeling
ag iarraidh	wanting	**tè**	a woman
tuilleadh	more	**rim thaobh**	beside me
an teaglach	the family	**cuideachd**	also
mòran	many, much	**a' tuigsinn**	understanding
càirdean	relatives	**a chèile**	each other
nam shuidhe	seated	**gu leòr**	enough

2 An teaghlach
The family

In this lesson you will learn:

- how to introduce people
- words for family members
- how to talk about possession
- how to describe people
- how to use adjectives with 'very'

Dialogue 1

Halò!

Hello!

Mairi arrives in Portree and is met by her Scottish cousin, Catherine MacDonald.
   What does she complain about?

CATRIONA:	Halò, is mise Catrìona.
MAIRI:	Halò, is mise Màiri. Ciamar a tha thu?
CATRIONA:	Tha mi gu math. Ciamar a tha thu fhèin?
MAIRI:	Tha mi gu math, tapadh leat, ach tha mi fuar!
CATRIONA:	Tha e fuar an diugh. A bheil e blàth ann an Astràilia?
MAIRI:	Tha gu dearbh, tha e blàth!
CATRIONA:	Tha mi duilich, a Mhàiri, ach tha e fuar ann an Alba!

CATHERINE:	*Hello, I'm Catherine!*
MAIRI:	*Hello, I'm Mairi. How are you?*
CATHERINE:	*I'm fine. How are you?*
MAIRI:	*I'm fine, thanks, but I'm cold!*
CATHERINE:	*It is cold today. Is it warm in Australia?*
MAIRI:	*Oh yes indeed, it's warm!*
CATHERINE:	*I'm sorry, Mairi, but it's cold in Scotland!*

Language points

The word **fhèin** means 'self' and it is used as a way of emphasising pronouns. In the dialogue, for example, Catherine says:

Ciamar a tha thu fhèin?

This means something like 'How are you, yourself?' or perhaps 'How about *you*?', and you might use it to respond after you have answered a question about your own health.

Example: **Tha mise glè mhath, ciamar a tha sibh fhèin?**

The emphatic pronouns are:

mi fhèin	myself	**sinn fhèin**	ourselves
thu fhèin	yourself	**sibh fhèin**	yourselves/self
e fhèin	himself	**iad fhèin**	themselves
i fhèin	herself		

(Note: you might recognise **sinn fhèin**, as it resembles the Irish Gaelic title of a Republican political movement. The spelling and pronunciation are slightly different, but the meaning, 'ourselves', is the same.)

In spoken Gaelic **mi fhèin** and **sinn fhèin** are often pronounced as **mi fhìn** and **sinn fhìn**. You will also find these forms in written Gaelic and in some dictionaries. Also, **sibh fhèin** is usually pronounced as **sib' fhèin** (ship hain) which is easier to say.

Example: **Ciamar a tha sib' fhèin?**

Exercise 1

The words in the two short exchanges below look odd – all the letters have been jumbled up, although the words themselves are in the correct order. Can you rearrange them correctly?

A: ohal, cramia a hat htu?
B: aht ug mtha, padath teal, marcia a ath hut fineh?
A: amrica a tah hsbi na gudih?
B: ath im rufa! rmaaic a tah hibs heinf?

Dialogue 2 ▢

Seo mo bràthair . . .

This is my brother . . .

Mairi is introduced to Catherine's family.

CATRIONA: A Mhàiri, seo mo bhràthair, Dòmhnall.
MAIRI: Halò, a Dhòmhnaill.
CATRIONA: Agus seo mo bhràthair Iain, agus mo phiuthar Anna.
MAIRI: Halò, tha mi toilichte ur coinneachadh.
CATRIONA: Sin an teaghlach agam gu lèir. Chan eil m'athair agus mo mhàthair a-stigh an dràsta.
MAIRI: Tha teaghlach snog agad, a Chatrìona.

CATHERINE: *Mairi, this is my brother Donald.*
MAIRI: *Hello, Donald.*
CATHERINE: *And this is my brother Iain, and my sister Ann.*
MAIRI: *Hello, I'm pleased to meet you.*
CATHERINE: *That's my whole family. My mother and father aren't at home right now.*
MAIRI: *You have a nice family, Catherine.*

Language points

Snog 'nice', like its English equivalent, is a very useful word which can describe practically any person or thing which the speaker approves of.

Family members ▢

Here are some of the most important terms, starting with the most familiar:

mac	son
nighean	daughter
clann	children
athair	father
màthair	mother
pàrantan	parents
duine	husband

bean	wife
bràthair	brother
piuthar	sister
seanair	grandfather
seanmhair	grandmother
ogha	grandchild

As you could probably guess, the word **clann** is the source of the word 'clan', as in 'Clan MacDonald' or 'clan tartan'.

Gaelic doesn't have particular words for 'uncle' and 'aunt'. You have to use a phrase, such as **bràthair m'athar** 'my father's brother' or **piuthar mo mhàthar**[1] 'my mother's sister'. To fill this 'gap' in the language, many Gaelic speakers now talk about **m'uncail** and **m'antaidh** – Gaelicised spellings of the English words. **Granaidh** is also frequently heard.

Exercise 2

Look at the words in the box below, all describing family members. Divide them into groups: male relatives and female relatives.

bean	**piuthar**	**duine**
seanair	**bràthair**	**nighean**
mac	**màthair**	**seanmhair**

---

1 Spelled with a final **ar** instead of **air** because it is a genitive construction. This will come up in a later unit.

Exercise 3

Below you will see part of a family tree, showing three generations. Can you give the correct Gaelic labels to each member of the family, as they are related to Catherine (Catrìona)? Their personal names are written in both English and Gaelic.

One of them is done for you as an example.

Peigi _____
Peggy

Seumas _____
James

Ruaraidh _____
Roderick

Ealasaid _____
Elizabeth

Catrìona
Catherine

Dòmhnall _____
Donald

Anna *piuthar*
Ann

Iain _____
Iain

Perhaps you noticed that, in the dialogue, the words for family members change slightly when somebody says 'my ... '. For example, the word for 'brother' is **bràthair**, but 'my brother' is **mo bhràthair**. The word for 'mother' is **màthair**, but 'my mother' is **mo mhàthair**. Some of the words for 'my', 'his', 'our' and so on, called possessive pronouns, can change the words which follow them. First of all, here are the pronouns:

mo	my
do	your
a	his
a	her
ar	our
ur	your (plural/formal)
an/am	their (**am** before letters **b**, **p**, **f** or **m**; otherwise, **an**)

The first three on the list, **mo**, **do** and **a** 'my', 'your' and 'his', all affect the following word – they lenite it. In other words, an **h** is added, where possible, after the initial consonant. The rest of the pronouns: **a**, **ar**, **ur** and **an/am** 'her', 'our', 'your' (pl.), and 'their' do not affect the following word. So the difference between, for example, 'his cat' and 'her cat' depends on whether the word for cat is lenited or not: **a chat** 'his cat' and **a cat** 'her cat'.

If the second word starts with a vowel, the possessive pronouns are formed like this:

m'athair	my father	**ar n-athair**	our father
d'athair	your father	**ur n-athair**	your father
'athair	his father	**an athair**	their father
a h-athair	her father		

Exercise 4

Try to construct a family tree of your own. Write the personal names of all the people you include, and then put in their relationship to you, in Gaelic, for example **mo sheanmhair** 'my grandmother'. Remember that using the word **mo** 'my' might change the form of some of the words.

Now choose some of the individuals on your family tree and imagine that you are introducing them to another Gaelic speaker.

For example:

Seo mo phiuthar, Catrìona.

Dialogue 3 ▢▢

Fàilte!

Welcome!

Mairi meets Catherine's parents and grandparents. One of them seems to have a health problem. Which one, and what is it?

CATRIONA:	Seo Màiri, à Astràilia!
MATHAIR:	Fàilte, a ghràidh!
ATHAIR:	Tha sinn toilichte do choinneachadh.
MAIRI:	Ciamar a tha sibh?
ATHAIR:	Tha sinn gu math, tapadh leat.
CATRIONA:	A Mhàiri, seo mo sheanair is mo sheanmhair.
SEANAIR:	Hàlo, a Mhàiri.
SEANMHAIR:	B'àill leibh? Dè a tha thu ag radh? Dè? Dè?
CATRIONA:	A sheanmhair, seo Màiri à Astràilia!
SEANMHAIR:	Uill, a ghràidh, trobhad is suidh sìos. A-nis, dè an t-ainm a th'ort, agus co às a tha thu?

CATHERINE:	*Here's Mairi, from Australia!*
MOTHER:	*Welcome, dear!*
FATHER:	*We're happy to meet you!*
MAIRI:	*How are you?*
FATHER:	*We're fine, thank you.*
CATHERINE:	*Mairi, here are my grandfather and my grandmother.*
GRANDFATHER:	*Hello, Mairi.*
GRANDMOTHER:	*Pardon? What are you saying? What? What?*
CATHERINE:	*Grandma, this is Mairi from Australia!*
GRANDMOTHER:	*Well, dear, come and sit down. Now, what is your name, and where are you from?*

Language points

Fàilte, meaning 'welcome', is a word you may well have come across. You can see it on welcome signs in many parts of Scotland, usually in its traditional form **ceud mìle fàilte** 'a hundred thousand welcomes'.

Notice that Catherine's father says **Tha sinn toilichte *do* choinneachadh** to Mairi, because he is using **thu** to a younger person.

She, on the other hand, said **Tha mi toilichte *ur* coinneachadh** when she met the older woman Jean in Lesson 1. She uses the same expression on meeting Catherine's brothers and sisters in Dialogue 2 because she is addressing more than one person.

Uill, although it is spelled differently, is a direct borrowing of the English word 'well', and is used in the same way.

Catherine introduces **mo sheanair *is* mo sheanmhair** 'my grandfather and my grandmother'. **Agus** and **is** both mean 'and' in Gaelic, so it would also have been possible for her to use **agus**. The word **is** is very commonly used though, particularly for things that often go together, for items in a list, or for expressions of time and money, as you will see in a later lesson.

Dè, meaning 'what', is used at the beginning of some questions (such as **Dè a' phrìs a tha ticead gu Port Rìgh?** from Lesson 1). It can also be used to ask someone to repeat something, in the same way as its English equivalent.

Dialogue 4

A' bhanais

The wedding

Mairi is invited to a wedding reception along with her Scottish cousins.

MAIRI:	Tha a' bhanais snog, ach chan aithnich mi duine! Cò an tè àrd a tha thall an sin?
CATRIONA:	An tè bhàn leis an dreasa dhearg?
MAIRI:	Chan e, ach an tè dhorch a tha a' bruidhinn ri do sheanmhair.
CATRIONA:	O, sin bean a' mhinisteir. 'Se an duine aice a tha sin leis a' phìos mhòr cèic.
MAIRI:	Agus dè mu dheidhinn am fear òg le falt fada thall an sin?
CATRIONA:	Chan eil fios agam dè an t-ainm a th'air, ach tha e ag obair aig an Telebhisean Ghàidhlig.
MAIRI:	Agus cò am fear a tha sin le stais agus sròn mhòr? Tha mi a' smaoineachadh gu bheil e ag òl cus.
CATRIONA:	O! Sin mo leannan fhèin, Calum.
MAIRI:	O, tha mi duilich. Tha e a' coimhead glè shnog!

MAIRI:	*The wedding is lovely, but I don't know anybody! Who's that tall lady over there?*
CATHERINE:	*The blonde lady with the red dress?*
MAIRI:	*No, the dark one who's speaking to your grandmother.*
CATHERINE:	*Oh, that's the minister's wife. That is her husband there with the big piece of cake.*
MAIRI:	*And what about the young man with the long hair over there?*
CATHERINE:	*I don't know his name, but he works for Gaelic Television.*
MAIRI:	*And who's the man there with a moustache and a big nose? I think he's drinking too much.*
CATHERINE:	*Oh! That's my own boyfriend, Calum.*
MAIRI:	*Oh, I am sorry. He looks very nice!*

Language points

Did you notice that the words for 'dress', 'minister', 'piece', 'cake', 'television' and 'moustache' were all borrowings from English?

To say she doesn't know anybody, Mairi uses the phrase **Chan aithnich mi duine** (*lit.* 'I don't know a man'). The word **duine** can mean either 'man', or 'husband', as in the list of relatives above.

To say you do know somebody, you use the phrase: **Is aithne dhomh ...**

Example:

Is aithne dhomh do bhràthair.   I know your brother.

The word **fear** 'a male person' or **tè** 'a female person' are often used when people are being described. These words, particularly **fear**, are also useful for talking about occupations – for example, 'the dentist' is translated as **fear nam fiaclan**, literally 'the man of the teeth'. You will come across more examples of this in a later lesson.

The word for 'minister' would normally be **ministear**. In this dialogue, the word is spelled slightly differently because it is part of a genitive structure. This too will come up in a later lesson.

Leannan, meaning 'sweetheart', can be used for either a boyfriend or girlfriend.

Dè mu dheidhinn? 'what about?' is a very useful expression for making enquiries.

Exercise 5

Look back at the dialogue and find as many examples as you can of the verb **bi** 'be' used together with another verb to talk about what is happening in the present.

More about possessives

You have already met the possessive pronouns in phrases like **mo phiuthar**. In the dialogue you probably noticed that Gaelic also uses another way of expressing the same basic idea. It occurs in sentences like:

> **'Se an duine aice a tha sin.**
> That is her husband (*lit*. It is the husband at her who is there).

Using **aig** 'at' together with the pronouns is a very important way in which Gaelic expresses not only possession of objects or relationships, but also lots of idiomatic phrases. These combinations are known as prepositional pronouns. This is also the way that any sentences using the verb 'have' in English would normally be translated, because there is actually no verb 'to have' in Gaelic. The pattern is as follows:

Tha . . . **agam**	I have . . .	(**aig** + **mi**) etc.
Tha . . . **agad**	You have . . .	
Tha . . . **aige**	He has . . .	
Tha . . . **aice**	She has . . .	
Tha . . . **againn**	We have	
Tha . . . **agaibh**	You have	
Tha . . . **aca**	They have	

You might remember, too, that in Lesson 1 Mairi uses this form to say she speaks Gaelic: **Tha Gàidhlig agam**.

If you want to refer to 'my brother', it is more normal to say **mo bhràthair**, rather than **am bràthair agam**. There is a loose rule that states that you have to use the pronouns (**mo**, **do**, etc.) when talking about either blood relatives or parts of your body. For any other objects or possessions, either system can be used. Funnily enough, the words for 'husband' and 'wife' don't fit into the first category, and 'my husband', 'my wife' are normally expressed as **an duine agam** and **a' bhean agam**.

Take another look back at your family tree. What sentences can you make about the relationships, using these forms? For example:

Tha bràthair agam.	I have a brother.
Tha nighean aca.	They have a daughter.
A bheil teaghlach aca?	Do they have a family?

The structure **tha ... agam** is also used for some common idiomatic expressions. In the dialogue, for example, Catherine says:

Chan eil fios agam dè an t-ainm a th'air.	I don't know his name.

To say 'I know', you use the expression **Tha fios agam**, often shortened to **Tha fios 'am** (*lit.* 'there is knowledge at me'). So, 'She doesn't know', for example, is **Chan eil fios aice**. In some dialects this can also be lenited to **Tha fhios 'am/Chan eil fhios 'am**.

Exercise 6

Can you respond with the appropriate Gaelic sentence ('I know/ I don't know') to the following questions?

1. Do you know the time?
2. Do you know the population of Brazil?
3. Do you know the days of the week?
4. Do you know the Gaelic for 'I'm pleased to meet you'?
5. Do you know the currency of Thailand?

Describing people

There are several adjectives used in the dialogue to describe people. They are:

àrd	tall
bàn	fair-haired
dorch	dark-haired
òg	young
snog	nice

Here are some more adjectives that you might use to describe someone's appearance.

donn	brown-haired	eireachdail	handsome
dubh	black-haired	liath	grey-haired
maol	bald	grànnda	ugly
brèagha	beautiful	mòr	big
bòidheach	attractive	beag	short/small

Exercise 7

What are the opposites (in Gaelic!) of the words below? Some of them may have occurred in Lesson 1.

aosda   caol   beag   grànnda   toilichte

The normal Gaelic word order is noun + adjective. If there is an article, then it goes before the noun. You have probably already noticed that there is no word for 'a' or 'an' in Gaelic: in grammatical terms, no indefinite article. If the phrase or sentence does not contain the word 'the', then it has the same meaning as if 'a' or 'an' were used. So, **taigh mòr**, for example, is 'a big house'. **An taigh mòr**, on the other hand, is 'the big house'.

From the above dialogue, you can see examples such as:

an tè àrd	the tall woman
an tè bhàn	the blonde/fair woman

Do you notice how the word for 'fair', **bàn**, is changed in the above example? It is lenited because the noun before it is feminine. All Gaelic adjectives in phrases like this agree with the nouns they describe, in much the same way as they do in French and Italian. The way this agreement works is that an **h** is added after the initial consonant, if possible, and adjectives starting with a vowel do not change.

Some more examples:

an nighean bheag	the little girl
am balach beag	the little boy
madainn mhath!	good morning!
feasgar math!	good afternoon!

However, there is one thing to bear in mind. The adjective only has to agree with a feminine noun where the noun and adjective are together as a unit, or noun 'group', such as in 'a little girl' or 'a tall woman'. But if you are constructing a sentence like:

The girl is little.
That woman is thin.

the adjective does not change. Those two sentences would be:

Tha an nighean beag.
Tha an tè sin caol.

Exercise 8

Can you translate the following phrases? If you are in doubt about whether a noun is masculine or feminine, consult the glossary at the back of the book.

1 The old man.
2 The beautiful girl.
3 The house is old.
4 The blonde woman.
5 My sister is fair.
6 The cake is good.

Glè

The Gaelic word for 'very' is **glè**. It is a word which you will often hear and use. Have you noticed anything about how **glè** is used? Here are some expressions you have already encountered:

glè shnog	very nice
glè mhath	very good

The words for 'nice' and 'good', are, of course, **snog** and **math**. So you will notice that **glè** alters the form of the following words, leniting them or adding an **h** to the first consonant.

Exercise 9

Do you know anyone who is:

a glè chaol?
b glè aosd?
c glè thoilichte?
d glè bheag?
e glè shnog?

Write down a Gaelic sentence to express this.

For example: **Tha Calum glè chaol.**   Calum is very thin.

Le

Le, meaning 'with', is used several times in the dialogue to help Catherine and Mairi in describing the people they see. They talked about:

> **am fear òg le falt fada**
> the young man with long hair

> **am fear le stais agus sròn mhòr**
> the man with a moustache and a big nose

Notice also:

> **an duine *leis* a' phìos mhòr cèic**
> the man with the big piece of cake

> **an tè bhàn *leis* an dreasa dhearg**
> the blonde lady with the red dress

Leis is another version of **le**, used in the two examples above because there is an article used with the following noun. In the first two examples, on the other hand, the nouns after **le** don't have an article.

Exercise 10

Take a look at the illustrations and imagine you are trying to find out the identity of these people. What questions would you use in Gaelic? Start your questions with **Cò am fear...?** or **Cò an tè...?**

Example: 1   **Cò am fear caol tha seo leis an fhalt dhubh?**

1

Reading 2 🔘

Seo dealbh-pòsaidh mo pheathar. Sin i anns a' mheadhan. 'Se Amaireaganach a th'anns an duine aice. Choinnich iad air saor-làithean an Eirinn. Sin a bhràthair, Dàibhidh, ri a thaobh – am fear àrd leis an stais. Tha mi a'smaoineachadh gu bheil e ag obair ann an Inbhir Nis. 'Se latha mìorbhaileach a bh'ann. Tha mo phiuthar àrd is caol le falt fada donn, agus tha i cho brèagha. Is mise an tè bheag bhàn a tha ri a taobh, agus sin mo phàrantan. Tha iad liath a-nis! Chan eil na glainneachan air mo mhàthair anns an dealbh seo, 'Sann le mo nàbaidh a tha an nighean bheag agus am balach beag. Bha iad cho snog!

Vocabulary

dealbh-pòsaidh	wedding photograph
mo pheathar	of my sister
a'mheadhan	the middle
choinnich iad	they met
saor-làithean	holidays
ri a thaobh	beside him
mìorbhaileach	wonderful, marvellous
glainneachan	spectacles (sometimes called **speuclan**)
bha	was/were (past tense of **bi**)
ri a taobh	beside her

3 Càit' a bheil e?

Where is it?

In this lesson you will learn:

- how to describe where things are
- words for objects around the house
- the different words for 'the'
- how to recognise plurals
- the numbers from 1 to 10

Dialogue 1 📼

Càit' a bheil e?

Where is it?

It's Monday morning at Catherine's house and they're all in a bit of a rush ...

IAIN:	A Mhamaidh, a Mhamaidh! Cha lorg mi mo bhaga-sgoile! Càit' a bheil mo bhaga-sgoile?
MATHAIR:	Tha e anns an rùm-cadail, air cùl an dorais.
CATRIONA:	A Mhamaidh, càit' a bheil na h-iuchraichean agam? Chan urrainn dhomh falbh gun m'iuchraichean.
MATHAIR:	Tha mi a' smaoineachadh gu bheil iad air bòrd a'chidsin.
ATHAIR:	A ghràidh, a bheil fios agad càit' a bheil mo speuclan? Bu chòir dhaibh a bhith air an deasc ach chan eil iad an sin. Agus chan eil iad anns an rùm-cadail.
MATHAIR:	Seall nad phòcaid!
ATHAIR:	Uill, Uill, seo iad – tapadh leat, a ghràidh.
MATHAIR:	A-nis, a bheil fios aig duine càit' a bheil na deich notaichean a dh'fhàg mise air an dreasair?

IAIN:	*Mum, Mum! I can't find my school-bag! Where's my school-bag?*
MOTHER:	*It's in the bedroom, behind the door!*
CATHERINE:	*Mum, where are my keys? I can't leave without my keys!*
MOTHER:	*I think they're on the kitchen table!*
FATHER:	*Dear, do you know where my glasses are? They should be on the desk, but they're not there. And they're not in the bedroom.*
MOTHER:	*Look in your pocket!*
FATHER:	*Well, well, here they are – thank you, dear.*
MOTHER:	*Now, does anybody know – where are the ten pounds I left on the dresser?*

Language points

Càite, or **càit** before a vowel, means 'where'. **Càit' a bheil ...** is a useful expression for asking where a thing, a place or a person is.

Mamaidh is the Gaelic equivalent of 'Mummy'. 'Daddy' is translated as **Dadaidh**.

Prepositional pronouns using do *'to'*

Just as **aig** 'at' combines with pronouns to give words such as **agam**; **do** produces a similar set of words which are in turn used in a lot of idiomatic expressions. **Do** combines with the pronouns as follows:

dhomh	to me
dhut	to you
dha	to him
dhi	to her
dhuinn	to us
dhuibh	to you (plural/polite)
dhaibh	to them

These words are quite often heard together in greetings. For example:

Feasgar math dhuibh!	Good afternoon to you!
Latha math dhut!	Good day to you!

Some other useful expressions, constructed around the preposition **do** meaning 'to' or 'for', and a pronoun, are:

Chan urrainn dhomh.	I can't.
'S urrainn dhomh.	I can.
Bu chòir dhaibh.	They should.
Cha bu chòir dhaibh.	They should not.

When phrases such as **chan urrainn dhomh** are followed by a verb, the infinitive form of the verb used. Normally the infinitive forms are lenited – we include one exception here, **falbh** 'to go'/'to leave'.

Here are some examples:

a dhèanamh	to do
a dhol ann	to go there
a ràdh	to say
a thighinn	to come
falbh	to leave

Exercise 1

Translate the following short phrases:

1 I can't go.
2 She can't say.
3 He should come.
4 They shouldn't go there.
5 I can do it. (No word for 'it' is necessary.)

The article

You have probably already noticed that there is more than one version of the word 'the' in Gaelic. From the dialogue above, you have the examples:

an rùm-cadail	the bedroom (*lit.* the sleeping room)
an deasc	the desk

And from previous lessons:

am mac	the son
a' bhanais	the wedding
am pìos	the piece

What is the rule? First, you have to look at whether the noun is masculine or feminine. With masculine nouns, the most common word for 'the' is **an**. The exceptions are if a word starts with one of the letters **b**, **f**, **m**, **p**, or with a vowel.

For words starting with **b**, **f**, **m** or **p**, you use the word **am**.

For words starting with a vowel, you use **an t-**.

Here are some examples:

am bus	the bus	**an t-eilean**	the island
am bràthair	the brother	**an cù**	the dog
am feasgar	the afternoon	**an nàbaidh**	the neighbour
an t-athair	the father	**an duine**	the man

The situation is slightly more complicated for feminine nouns. Again, **an** is the most common choice. The exceptions are: before the letters **b**, **c**, **g**, **m**, and **p**, when you use **a'** + lenition of the noun, and before the letter combinations **s + l**, **s + n**, **s + r**, **s +** vowel, when you use **an t-**. In all other cases you use **an**. Watch out, though, for feminine nouns beginning with the letter **f**, because those are lenited after the article **an**.

Here are some examples:

banais	a wedding	**a' bhanais**	the wedding
màthair	a mother	**a' mhàthair**	the mother
seanmhair	a grandmother	**an t-seanmhair**	the grandmother
sròn	a nose	**an t-sròn**	the nose
fìrinn	truth	**an fhìrinn**	the truth
nighean	a girl	**an nighean**	the girl
tubhailt	a towel	**an tubhailt**	the towel

Don't be too concerned if you find the different versions of 'the' a little confusing: with more exposure and practice they will seem quite natural and normal.

Exercise 2 🔲🔲

Overleaf are some words for objects around the house. Some you have already encountered in the dialogue above, and some are new. First, look carefully at the words and read them aloud to yourself, using the tape if possible. Then write the appropriate word for 'the' in front of each one. (m.) or (f.) after each word indicates whether it is masculine or feminine.

baga (m.)	bòrd (m.)	doras (m.)
iuchar (f.)	telebhisean (m.)	cupa (m.)
uinneag (f.)	làmpa (f.)	preas (m.)
rèidio (m.)	sèithir (m.)	cluasag (f.)
cleoc (m.)	forca (f.)	sgian (f.)

(The new words are: **cupa** 'cup'; **uinneag** 'window'; **làmpa** 'lamp'; **preas** 'cupboard'; **rèidio** 'radio'; **sèithir** 'chair'; **cluasag** 'pillow'; **cleoc** 'clock'; **forca** 'fork'; **sgian** 'knife'.)

Position

The dialogue also contained a few expressions that are useful for describing where things are. These were:

anns an	in the
air cùl an	behind the
air an	on the

Of course, **an** can be substituted with the other words for 'the' as appropriate, depending on the following words.

Dialogue 3 in this chapter contains more expressions for describing position.

Exercise 3

On the following pages are some sketches of household scenes and objects. Can you provide the necessary names? Consult the glossary if necessary.

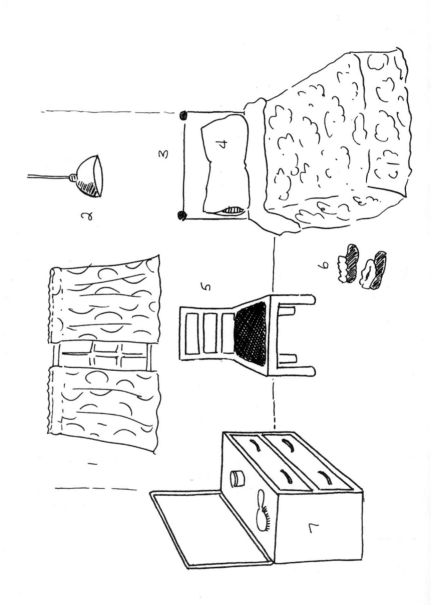

Exercise 4

Divide the words below into three categories. Which items would you be likely to find in a kitchen, a bedroom, a sitting-room?

CLUASAG	FORCA	SOFA
PLAIDE	TUBHAILT	PREAS
SGIAN	LEABAIDH	SEITHIR
BORD	CUISEAN	TELEBHISEAN

Exercise 5

Choose a room in your own house and think about the things you have in it. How many of them can you now name in Gaelic? You might be able to use full sentences to do this – for example:

Tha làmpa agam anns an rùm-cadail.
I have a lamp in the bedroom.

Dialogue 2

Co ris a tha e coltach?

What is it like?

Catherine's little brother Iain is on the hunt for some information. How much does he find out?

IAIN: A Chatrìona, a bheil fios agad dè tha mise a'dol a dh'fhaighinn air son mo latha-breith a-màireach?

CATRIONA: Tha, tha fios agam. Ach chan eil mi a'dol a dh'innse dhut.

IAIN: O, siuthad! A bheil e an àiteigin a-staigh an taigh? A bheil e ann an rùm mo phàrantan?

CATRIONA: Coma leat! Chan eil mi a'dol a dh'innse càil dhut!

IAIN: A bheil e mòr? A bheil e daor? Dè an dath a tha air?

CATRIONA: 'Se rudeigin snog a th'ann co-dhiù. Innsidh mi sin dhut.

IAIN: Ach co ris a tha e coltach?

CATRIONA: Tha sin gu leòr! Fuirich gu faic thu!

IAIN: *Catherine, do you know what I'm going to get for my birthday tomorrow?*

CATHERINE: *Yes, I do! But I'm not going to tell you!*

IAIN: *Oh, come on! Is it somewhere in the house? Is it in my parents' room?*

CATHERINE: *Never you mind! I'm not going to tell you anything!*

IAIN: *Is it big? Is it expensive? What colour is it?*

CATHERINE: *It's something nice, anyway. I'll tell you that much.*

IAIN: *But what's it like?*

CATHERINE: *That's enough! Wait till you see!*

Language points

Co ris a tha e coltach? can be translated either 'What is it like?', or 'What is he like?' (remember, Gaelic has no neuter pronoun). It is a very useful question for enquiring about either objects or people. The feminine version, of course, is **Co ris a tha i coltach?**

A-màireach is 'tomorrow'. The word for 'today' is **an-diugh**, and 'yesterday' is **an-dè**. A rough translation for **siuthad** is 'come on'. It can also mean something like 'go ahead', and is often used to encourage guests to eat, meaning 'help yourself!'. **Siuthad** is used for **tu**, and the **sibh** version is **siuthadaibh**.

Coma leat can be translated as 'never mind', or perhaps 'none of your business'. A corresponding expression is **Tha mi coma**, which means 'I don't care', 'It doesn't matter to me'.

Just as in English, the verb 'go' can be used to talk about future intentions when it is used together with another verb, as when Catherine says **Chan eil mi a' dol a dh' innse dhut** 'I am not going to tell you'. This sort of structure will be explained in more detail a little later on.

Do you recognise **dhut**, 'to you'? It is one of the forms of **do** + pronoun which you learned earlier in this lesson.

Another phrase which may sound familiar is **gu leòr** – meaning 'enough' or 'plenty'. It is the source of the English word 'galore'.

One of Iain's questions is **Dè an dath a tha air?** 'What colour is it?' (*lit.* 'what colour is on it?'). Here are some of the most important words for colour:

dubh	black	**geal**	white
dearg	red	**gorm**	blue
buidhe	yellow	**uaine**	green
glas	grey	**donn**	brown

Exercise 6

After each of the words or ideas below, write down the Gaelic name for the colour or colours that you associate with it. The first is done for you.

grass *uaine*	sky	poppies
sunshine	springtime	mourning
pandas	snow	lipstick
daffodils	jealousy	sea
elephants	rubies	coal

Dialogue 3

Iain's birthday turns out to be a nice day, so the family decide to take him, and Mairi, out for a picnic. What was the mystery present?

MAIRI: Dè an aois a tha thu an-diugh, Iain?

IAIN: Tha mi seachd!

MAIRI: Nach tu a tha a' fàs mòr!

MATHAIR: Greasaibh oirbh, a h-uile duine! Cuidichibh mi. Anna, faigh thusa na cupannan is na truinnsearan. A Dhòmhnaill, faigh na sgeinean is na forcaichean. A Chatrìona – faigh thusa a' phlaide.

ANNA: Càit' a bheil na cupannan?

MATHAIR: Air an sgeilp ìosal anns a' phreas.

DOMHNALL: Co mheud sgian is forc a dh'fheumas sinn?

MATHAIR: Gu leòr air son a h-uile duine – seachd, nach e?

MAIRI: Dè a ni mise?

MATHAIR: Carson nach teid thu a shealltainn air baidhsagal ùr Iain. Bu toigh leis a shealltainn dhut.

IAIN: Trobhad, a Mhàiri, is faic e. Tha mise seachd a-nis . . .

MATHAIR: A Chatrìona, a bheil a' phlaide agad?

CATRIONA: Seo i!

MATHAIR: Uill, tha sinn deiseil ma-tha. Agus seallaibh air a chèic bheag a rinn mi dha Iain.

CATRIONA: O, tha i snog!

MATHAIR: A Dhòmhnaill, tha coinnlean anns an drathair àrd. Thoir leat seachd agus a-mach a seo sinn.

MAIRI: *How old are you today, Iain?*

IAIN: *I'm seven!*

MAIRI:	Aren't you growing big!
MOTHER:	Hurry up, everybody! Help me. Ann, you get the cups and plates. Donald, get the knives and forks. Catherine – you get the blanket.
ANN:	Where are the cups?
MOTHER:	On the bottom shelf in the cupboard.
DONALD:	How many knives and forks do we need?
MOTHER:	Enough for everybody – seven, isn't it?
MAIRI:	What will I do?
MOTHER:	Why don't you go and look at Iain's new bicycle? He'd like to show it to you.
IAIN:	Come on and see it, Mairi. I'm seven now . . .
MOTHER:	Catherine, do you have the blanket?
CATHERINE:	Here it is!
MOTHER:	Well, we're ready then . . . and look at the wee cake I made for Iain.
CATHERINE:	Oh, it's lovely!
MOTHER:	Donald, there are candles in the top drawer. Take seven, and let's go!

Language points

Mairi's comment **Nach tu a tha a' fàs mòr!** 'Aren't you growing big!' reflects a typical Gaelic structure. Literally, it is 'isn't it you who is growing big!'. This structure is very often used to give some emphasis to a comment.

Here are some other examples. The English sentences are approximate equivalents, not literal translations.

Nach i a tha brèagha!	Isn't she beautiful!
Nach mi a tha a' fàs liath!	How grey I'm getting!
Nach sibh a tha ag ionnsachadh tòrr!	What a lot you're learning!

Greasaibh oirbh for **sibh**, and **greas ort** for **thu**, are very useful expressions for 'hurry up'.

Plaide is a word that you would recognise as the source of the English word 'plaid'. Although the English word has come to mean a particular sort of pattern, its origin is simply 'blanket'. In time, it became identified with the distinctive tartan designs of the blankets.

Emphatic pronouns

Faigh thusa a' phlaide says her mother to Catherine. **Thusa** is an emphatic form of the word **thu**. In English, the same effect would come from stressing the word, as in 'Catherine, *you* get the blanket; Ann, *you* get the cups ... '. Gaelic speakers often use a set of emphatic personal pronouns, perhaps to clarify who is being referred to, or just to add a little emphasis. These emphatic pronouns are:

mise	I
thusa	you
esan	he
ise	she
sinne	we
sibhse	you (plural/polite)
iadsan	they

These are especially useful if you want to draw a contrast between two people (or sets of people) – for example:

Tha mise sgìth, ach chan eil thusa.   I'm tired, but you're not.

A h-uile duine means literally 'every man', but is used to mean 'everybody'.

Bu toigh leis means 'he would like'. The useful phrase 'I would like' is **bu toigh leam**. It can be used in sentences like **Bu toigh leam cofaidh** 'I would like coffee'.

A-mach a seo means 'out of here!'. **A-mach a seo sinn** is a common way of saying 'Let's go!'.

There are a few more expressions of location to notice. **Air an sgeilp ìosal** is 'on the bottom shelf'. **Anns a'phreas** is 'in the cupboard'. **Anns an drathair àrd** is 'in the top drawer'. **Ìosal** can be used to mean 'low' in a general sense, and **àrd** means 'high'. You have probably encountered **ard** in place names throughout Scotland – such as Ardross, for example, or Ardnamurchan.

Co mheud (often written **cia mheud**), 'how many', is an important phrase to remember. One big difference between the corresponding Gaelic and English structures is that in Gaelic, you do not use a plural noun after the phrase **co mheud**. The literal translation of **Co mheud sgian is forc ...?** is 'How many knife and fork ...?'.

Numbers 📼

'Iain is seven years old': **seachd bliadhna**. Here is a full list of the numbers between one and ten, as they are used for counting:

1	**aon**	6	**sia**
2	**dà**	7	**seachd**
3	**trì**	8	**ochd**
4	**ceithir**	9	**naoi**
5	**còig**	10	**deich**

Two of these numbers can affect the nouns which follow them. The number **aon** 'one' lenites any words which start with the letters **b**, **c**, **f**, **g**, **m** and **p**. Any word following **dà** is lenited if possible.

So, for example, you have:
aon taigh, dà thaigh
aon chu, dà chù
aon bhalach, dà bhalach
aon latha, dà latha

If you are simply reciting the numbers, without actually counting or referring to particular objects, it is normal to put **a** in front of the numbers. It is a little like some English-speaking musicians who say 'a-one, a-two, a-three!' when establishing a rhythm. The numbers are then:

a neoni (zero, *lit.* 'no thing')	**a sia**
a h-aon	**a seachd**
a dhà	**a h-ochd**
a trì	**a naoi**
a ceithir	**a deich**
a còig	

Dè an àireamh fòn a tha agaibh?
What is your telephone number?

Can you recite your telephone number in Gaelic?

Exercise 7

Can you give correct answers (in Gaelic) to the following questions? You need only give the number. The answers will probably be between zero and ten!

1 Co mheud bràthair a th'agad?
2 Co mheud càr a th'agad?

3 Co mheud sròn a th'agad?
4 Co mheud plaide a th'agad?

For 'none' you say **chan eil gin**.

Plurals

There are several plurals in the dialogue above. The family talk about:

na cupannan is na truinnsearan   the cups and (the) plates
na sgeinean is na forcaichean   the knives and (the) forks

It is easy to see that the article for plural nouns is **na**, at least for all nouns that begin with a consonant. Plural nouns beginning with a vowel have almost the same article: **na h-**. For example, **na h-uighean** means 'the eggs'. For plural nouns, you don't have to worry about the gender when deciding what article to use – it is much more uniform than the system for singular nouns.

One aspect of the system that seems odd to English speakers is that Gaelic does not begin using plurals until the number three and above. If you have two of something, the singular noun is used, not the plural. So for the word **taigh** 'house', for example, you have:

aon taigh
dà thaigh
trì taighean

The plurals themselves are made in several ways. The following guidelines are intended to help you to recognise them, but at this stage it can be difficult to know which one to apply to a particular noun. It is probably best to learn as you go – simply to notice the form of the plurals that you read or hear, without worrying too much about memorising large numbers of plural forms in isolation. Don't be surprised, too, if you occasionally notice that a plural slightly affects the internal structure of a word.

Plurals are usually made by:

adding **-an** or **ean**: e.g.	**na truinnsearean**	the plates
	na cupannan	the cups
adding **ichean** or **aichean**: e.g.	**na forcaichean**	the forks
	na busaichean	the buses
adding an **i** within the word (slenderisation): e.g.	**na balaich**	the boys
	na botail	the bottles

Location

Here are the expressions of location that you have come across in this lesson, together with a few others.

air	on	**ri taobh**	beside
anns	in	**eadar**	between
air cùl	behind	**air beulaibh**	in front of

air an làimh cheàrr/air an làimh chlì
on the left-hand side

air an làimh cheart
on the right hand/right side

It will probably come as no surprise to left-handed people that the same word in Gaelic is used for 'left' and 'wrong'. So, the opposite of **tha sin ceart** 'that's right', is **tha sin ceàrr** 'that's wrong'. Sincere apologies to the left-handed.

Exercise 8

Use the expressions above to decide whether the following sentences are true or false.
They refer to the illustration.

1 Tha làmpa air cùl nan leabhraichean.
2 The na h-iuchraichean ri taobh an airgid.
3 Tha baga air beulaibh a 'bhotail.
4 Tha na peansailean air taobh clì a' fòn.
5 Tha an ad air beulaibh nan litrichean.
6 Tha na peansailean ann an cupa.
7 Tha an rèidio air taobh clì a' bhùird.
8 Tha teadaidh ri taobh an rèidio.
9 Tha an t-airgead ann an cupa.
10 Tha an deoch air taobh clì na lampa.

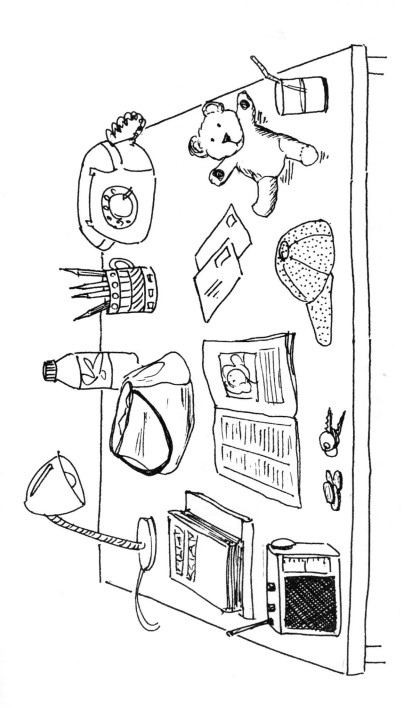

Reading 3 ▣

Tha cabhag mhòr orm an-diugh oir tha mi fadalach airson m'obair. Ach – cha lorg mi mo speuclan an àite sam bith. Cha leugh mi càil gun na speuclan agus chan eil agam ach an aon phaidhir. Chan eil fhios agam dè an nì mi! Tha mi a' feuchainn anns a h-uile h-àite – air an deasc, air a' bhòrd chofaidh, anns a' chidsin, anns a' char, nam bhaga, fo na pàipearan-naidheachd – chan eil sgeul orra. Thuirt mo bhean rium, 'Feuch nad phòcaid.' Bha iad an sin fad na h-ùine. Nach mi a tha gòrach! Tha mi a' dol a cheannach dà phaidhir ùr a-màireach!

Vocabulary

cabhag	hurry
fadalach	late
àite sam bith	anywhere
leugh	read
càil	anything
gun	without
paidhir	a pair
a h-uile h-àite	everywhere
fo	under
pàipear-naidheachd	a newspaper
chan eil sgeul orra	they are not to be found
thuirt	said
rium	to me
nad	in your
fad na h-ùine	all the time
gòrach	silly
a' dol a cheannach	going to buy
ùr	new

4 Ciamar a tha thu a' faireachdainn?

How do you feel?

In this lesson you will learn:

- how to say you are not well
- how to explain just what is wrong with you
- to name some parts of the body
- some useful expressions with the word **air**
- how to express sympathy
- how to signal the close of a conversation
- the past tense of the verb 'to be'

Dialogue 1

Dè tha ceàrr ort?

What is wrong with you?

It is just about time for Ann to leave for school. What are some of the problems she complains of? Does she receive much sympathy?

MATHAIR: A bheil thu deiseil? Greas ort!

ANNA: A Mhamaidh! Chan eil mi a' faireachdainn gu math idir!

MATHAIR: Chan eil thu a' faireachdainn gu math? Dè tha ceàrr ort?

ANNA: O, chan eil fios agam – tha mi dìreach a' faireachdainn tinn!

MATHAIR: Dè th'ann? An e do stamag a th'ann?

ANNA: O, 'se! Tha mo stamag goirt! Agus mo cheann, tha mo cheann goirt! Agus mo dhrùim, tha mo dhrùim goirt cuideachd!

MATHAIR:	Tha do dhrùim goirt, a bheil? A bhrònag bhochd! Dè mu dhèidhinn do chas? A bheil do chas goirt cuideachd?
ANNA:	O tha, tha mo chas uabhasach goirt.
MATHAIR:	Cha b'ann an diugh no an dè a rugadh mi, Anna! Mach a seo, dhan sgoil!

MOTHER:	*Are you ready? Hurry up!*
ANN:	*Oh, Mummy! I'm not feeling well at all!*
MOTHER:	*You're not feeling well? What's the matter with you?*
ANN:	*Oh, I don't know – I'm just feeling sick!*
MOTHER:	*What is it? Is it your stomach?*
ANN:	*Oh, yes! My stomach hurts! And my head, my head hurts! And my back, my back hurts too!*
MOTHER:	*Your back hurts, does it? (Your back is sore, is it?) You poor thing! What about your leg? Does your leg hurt too?*
ANN:	*Oh yes, my leg hurts terribly!*
MOTHER:	*I wasn't born yesterday (today or yesterday), Ann! Out of here – to school!*

Vocabulary

a' faireachdainn	feeling
Dè tha ceàrr ort?	What's wrong with you?
dìreach	just
tinn	sick
goirt	sore
drùim (m.)	back
stamag (f.)	stomach
cas (f.)	leg, foot
uabhasach	awful
a bhrònag bhochd	you poor soul (to a female – see below)
cha b'ann an diugh	I wasn't born yesterday! (*lit.* It wasn't today
no an dè a rugadh mi	or yesterday that I was born!)

Language points

Did you notice that the words **drùim**, **ceann** and **cas** were lenited to **dhrùim**, **cheann** and **chas** when they were used with the possessive adjectives **mo/do**?

bròinean/brònag

Brònag is the feminine version of **bròinean**, and they both mean 'poor soul!'. They are often combined with **bochd**, the adjective meaning 'poor'. In the address form the adjective is lenited. Both **bròinean** and **brònag** are usually said with some compassion or tenderness.

Prepositional pronouns with air

Dè tha ceàrr ort? 'What's wrong with you?' is a very useful expression. The last word of the phrase, **ort**, is actually another of the prepositional pronouns that you have already encountered – **ort** is a combination of the preposition **air** meaning 'on', and the word **thu**, so a literal reading of the sentence would be 'what is wrong on you?'. **Air** combines with the other pronouns as follows:

orm	on me
ort	on you
air	on him
oirre	on her
oirnn	on us
oirbh	on you (plural/polite)
orra	on them

So, 'What is wrong with him?' or 'what is wrong with it?' would be **Dè tha ceàrr air?**

Here is a list of some more expressions which use these words.

Tha e a-mach orra.	He is upset with them/not talking to them (*lit.* He is out on them).
Tha an deoch air!	He's drunk!
Greas ort! Greasaibh oirbh!	Hurry up!
Tha eagal oirre.	She's afraid.
Tha an t-acras orm.	I'm hungry.
Tha am pathadh orm.	I'm thirsty.
Tha a' chais air.	He's angry/he's lost his temper.
Tha cabhag oirnn.	We're in a hurry.
Tha an cadal air.	He is sleepy.

Exercise 1

What might you say in the following situations?

1 Your two children are dragging their feet and you're worried about missing a bus.
2 It's a hot summer's day and you're dreaming of a long cold drink!
3 Your spouse has been strangely silent all day and you're starting to wonder if something is wrong.
4 You see someone coming out of the pub at closing time, walking in a very erratic way.
5 It's nearly lunch-time and breakfast seems like a distant memory.
6 You meet a friend on the street but don't have time to chat because you're running late for an appointment.
7 Your new puppy seems nervous when a group of strangers comes into the room.
8 You see a driver by the side of the road kicking the tyres of his broken-down car.

The body

Here is a list of some of the most frequently used Gaelic words for parts of the body. Some of them have come up in previous lessons.

corp (m.)	body
ceann (m.)	head
aghaidh (f.)	face
maoil (f.)	forehead
falt (m.)	hair
suìl (f.) (pl. **suìlean**)	eye/eyes
sròn (f.)	nose
beul (m.)	mouth
cluas (f.)	ear
amhach (f.)	neck, throat
gualainn (f.)	shoulder
gàirdean (m.)	arm
uileann (f.)	elbow
làmh (f.)	hand
corrag (f.) **meur** (f.)	finger

òrdag (f.)	thumb
broilleach (m.)	breast/chest
stamag (f.)	stomach
mionach (m.)	tummy
drùim (m.)	back
tòn (f.); **màs** (m.)	backside
cas (f.)	leg, foot
glùin (f.)	knee
òrdag (f.)	toe

You might have noticed that the same word, **cas**, is used for both 'leg' and 'foot'. Gaelic doesn't separate these two. Another word, **corrag**, sometimes does double duty – it is used for both thumb and toe. Context must tell you which is meant!

Allow yourself some time, and if possible listen to the tape several times, as you try to memorise these words. When you feel fairly confident with them, try the two vocabulary exercises below.

Exercise 2

There are ten Gaelic words concealed in the ten lines of letters below. Can you locate the words within the lines, circle them, and write down the English translation for each? The first is done for you.

```
 1 S U I R E A C H M I O N A C H A N    tummy
 2 C R A M H A I C H E L E A N D O N
 3 B E A R T I G A I R D E A N U L T
 4 G A B O R D A G E L G O U R N S
 5 E N S A B R O I L L E A C H A D
 6 M A C C E A N N C H R E A N N
 7 D R U I M A G F I U B H A I R G
 8 S G I O M I S C A S C H A E L
 9 P I O M H O A C O R R A G A L
10 A F E I T H A P H U S T A M A G
```

Exercise 3

Now take a look at the drawing overleaf. What are the Gaelic words for the parts of the body highlighted by the arrows? Look at them carefully and try to recall as many as possible. When you have completed as much as you can from memory, go back to the vocabulary list to check on this missing words.

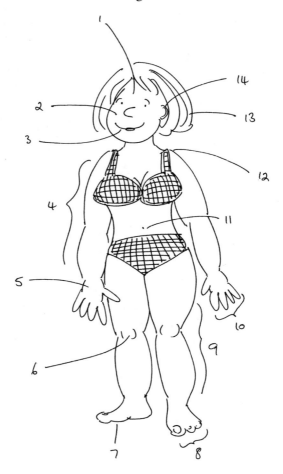

Dialogue 2 📼

Tha mi meadhanach . . .

I'm poorly

Catherine's grandfather, James, meets his old friend, Alasdair, in the street. Which of the two men seems to be in better health? Which of them has the healthier wife?

ALASDAIR: Madainn mhath, a Sheumais – ciamar a tha thu?
SEUMAS: Och, tha mi meadhanach, Alasdair – meadhanach. Tha
            mo cheann goirt, agus tha rudeigin ceàrr air mo
            stamag. 'S dòcha gu bheil seòrsa fliù orm.
ALASDAIR: Nach bochd sin! Thalla dhachaigh ma-tha, a bhròinean,
            agus fuirich anns an leabaidh. Bha rudeigin mar sin air
            mo bhràthair an t-seachdain a chaidh, ach tha e glè
            mhath a-nis a-rithist. Agus ciamar a tha a' bhean agad?
SEUMAS: O, tha ise gu math – chan eil rud sam bith ceàrr oirre.
            Tha thu fhèin a' coimhead glè mhath, cuideachd.
ALASDAIR: O, tha mise gu dòigheil, tapadh leat. Chan eil Mòrag
            cho math – tha siataig uabhasach oirre. Co-dhiù, tha
            mise falbh – mar sin leat, a Sheumais!
SEUMAS: Mar sin leat!

ALASDAIR: *Good morning, James – how are you?*
JAMES: *Oh, I'm middling, Alasdair – middling. My head is sore,
            and there's something wrong with my stomach. Maybe
            I've got some kind of flu.*
ALASDAIR: *What a shame! Go home then, poor soul, and stay in
            bed. My brother had something like that last week, but
            now he's fine again. And how's your wife?*
JAMES: *Oh, she's fine. There's nothing at all wrong with her.
            And you're looking very well yourself.*
ALASDAIR: *Oh, I'm fine, thank you. Morag's not so good – she's
            got terrible arthritis. Anyway, I'm off – good-bye, James.*
JAMES: *Good-bye!*

Vocabulary

meadhanach	middling, not too well
rudeigin	something
's dòcha gu bheil	perhaps there is
seòrsa	sort of/kind of
nach bochd sin!	what a pity!
thalla dhachaigh	go home
fuirich	stay
rudeigin mar sin	something like that
rud sam bith	anything
an t-seachdain a chaidh	last week
cuideachd	also, as well
gu dòigheil	very well
co-dhiù	anyway
mar sin leat	bye for now

Language points

Nach bochd sin! 'what a pity!' is a useful expression for whenever sympathy is required.

An t-seachdain a chaidh is 'last week', but other terms for past time are structured differently: e.g. **an-dè** 'yesterday' and **an-uiridh** 'last year'. Lesson 12 will give you some more information on talking about the past.

Co-dhiù is an extremely useful word, roughly translated as 'anyway'. Like its English counterpart, as well as being used in complete sentences, it can also be used by itself as a signal that you want to start wrapping up a conversation, or want to change the topic, as Alasdair does above.

Some of the ways that the speakers described different ailments include:

Tha mo cheann goirt.	My head is sore.
Tha rudeigin ceàrr air mo stamag.	There's something wrong with my stomach.
Tha seòrsa fliù orm.	I have some kind of flu.
Tha siataig uabhasach oirre.	She has terrible sciatica.

The first two of these structures can be used with any of the names of the body parts which you have just learned. For example:

Tha mo ghàirdean goirt.	My arm is sore/My arm hurts.
Tha mo chluas goirt.	My ear is sore/My ear hurts.
Tha rudeigin ceàrr air mo ghàirdean.	There's something wrong with my arm.

Do you have an ache or pain anywhere? If you do, try to describe it using one of those structures. If you feel perfectly well, can you describe the ailment of someone you know? Remember to lenite the nouns if you are using a possessive structure.

The dialogue also contained the words:

fliù	flu – an obvious borrowing
siataig	technically 'sciatica', but also used by many older people to describe arthritis and rheumatism

Other common ailments you may come across include:

an cnatan (m.)	a cold	**pìan** (m.)	a pain
a'chuing (f.)	asthma	**gearradh** (m.)	a cut
cas bhriste	a broken leg	**bìdeadh** (m.)	a bite

a' dìobhart	vomiting	**a' srèathartaich**	sneezing
a' casadaich	coughing		

Exercise 4

Have a look at the drawings below. Can you say what is wrong with each person?

Exercise 5

Can you link each cause (on the left) with a probable effect (on the right)?

1	Tha a ghàirdean briste	a	Chan urrainn dha smaoineachadh
2	Tha a stamag goirt	b	Chan urrainn dha sgrìobhadh
3	Tha a cheann goirt	c	Chan urrainn dhi seinn
4	Tha a chas briste	d	Chan urrainn dha ithe
5	Tha a' fliù air	e	Chan urrainn dha coiseachd
6	Tha amhaich ghoirt aice	f	Chan urrainn dha a dhol a-mach

Dialogue 3 💿

Seumas bochd!

Poor James!

A couple of weeks later James runs into another old friend ...

NIALL: Uill, a Sheumais, tha mi toilichte d'fhaicinn. Ciamar a tha thu a' faireachdainn?

SEUMAS: O, tha mi gu math a-nis, a Neill. Ach bha a' fliù orm fad seachdain agus bha e dìreach uabhasach.

NIALL: A bheil sin ceart?

SEUMAS: O, bha e dona! Siud a' fliù a bu mhiosa bha orm a riamh! Bha mo cheann goirt, bha mo dhrùim goirt, bha m' amhaich goirt – bha mi uabhasach tinn!

NIALL: Tha mi duilich sin a chluinntinn, a Sheumais.

SEUMAS: Theub mi bàsachadh! Ghabh an doctair eagal.

NIALL: Tha mi toilichte gu bheil thu nas fheàrr a-rithist, co-dhiù.

SEUMAS: Tha, ach bha mi truagh – bha gu dearbh!

NEIL: *Well, James, I'm happy to see you. How are you feeling?*

JAMES: *Oh, I'm fine now, Neil. But I had the flu for a whole week and it was just terrible.*

NEIL: *Is that right?*

JAMES: *Oh, it was bad! It was the worst flu I ever had! My head hurt, my back hurt, my throat hurt – I was awfully sick.*

NEIL: *I'm sorry to hear that, James.*

JAMES: *I nearly died! The doctor had a fright!*

NEIL: *I'm glad you're better now, anyway.*

JAMES: *Yes, but I was in a bad way – yes, indeed!*

Vocabulary

Tha mi toilichte d' fhaicinn.	I am happy to see you.
bha	was/were (past tense of 'to be')
fad seachdain	for a whole week
dona	bad
siud	that
a bu mhiosa	the worst (in the past)
a riamh	ever
Theub mi bàsachadh!	I almost died!
ghabh an doctair eagal	the doctor got a fright
truagh	in a bad way, miserable
gu dearbh	indeed

Language points

Tha mi duilich sin a chluinntinn 'I'm sorry to hear that' is another useful expression when sympathy is required.

Related to the adjective **truagh** is the word **truaghan** 'a person to be pitied'. A female person in a miserable position is referred to as a **truaghag**.

Theub mi can be followed by a verb to say 'I almost . . .'. It conveys the sense of a narrow escape, as in **Theub mi tuiteam** 'I almost fell'. It can be used with other personal pronouns too, of course, such as **Theub i bàsachadh** 'She almost died'.

Comparatives/superlatives

Neil says he is glad that James is better: **Tha mi toilichte gu bheil thu nas fheàrr.**

Nas fheàrr can be used to talk about anything that is better: a person's health, the weather, a situation. The gradations are:

math	good	**nas fheàrr**	better	**as fheàrr**	best
dona	bad	**nas miosa**	worse	**as miosa**	worst

James classifies the 'flu' as **a'fliù a bu mhiosa bha orm a riamh!**
Gradations in the past are:

math	good	**na b'fheàrr**	better	**a b'fheàrr**	best
dona	bad	**na bu mhiosa**	worse	**a bu mhiosa**	worst

Past of 'to be'

The dialogue contains quite a few examples of the past tense of the verb 'to be', such as **Bha mo cheann goirt** 'My head was sore' and **Bha mi truagh** 'I was in a bad way'. As always, the verb is placed before the subject. The past tense form of 'to be' is **bha** for all subjects:

Bha mi.	I was.
Bha thu.	You were.
Bha e/i.	He/She/It was, etc.

The negative form is **cha robh**, and the question form is **an robh**. So you have:

Cha robh mi.	I was not.
Cha robh thu.	You were not.
Cha robh e/i.	He/She/It was not, etc.

and:

An robh mi?	Wasn't I?
An robh thu?	Weren't you?
An robh e/i?	Wasn't he/ she/ it? etc.

The negative question is **nach robh**.

Exercise 6

Thinking back to an illness you have had in the past, can you describe your symptoms with the past tense of the verb 'to be'? Remember you can use negative as well as positive structures – **Cha robh mo dhrùim goirt**, for example.

By now, you have come across quite a few everyday expressions for greeting people and asking after their health. The following will also be useful:

Dè do chor?	How are you?
A bheil sibh gu math an diugh?	Are you well today?
A bheil càil ceàrr?	Is there anything wrong?
A bheil an cnatan ort?	Do you have a cold?
Dè tha ceàrr air do chas?	What is the matter with your leg?
Tha thu cuagach!	You're lame!
Dè a thachair dhut?	What happened to you?

Reading 4

Is mise Mòrag, bean Alasdair Bàn. An dè bha mi nam shuidhe air an t-sòfa agus mo chas uabhasach goirt leis an t-siataig. Bha mi sgìth agus bha an cadal orm. Co-dhiù, thàinig mo phiuthar Ealasaid a-steach. Bha cèic àlainn aice a rinn i fhèin. Tha Ealasaid cho còir. Bha i duilich gun robh am pìan na bu mhiosa. Bha sinn ag òl teatha agus ag ithe cèic fad an fheasgair. Tha mi nas fheàrr a-nis. Chan eil pìan idir orm.

5 Co mheud a th' ann?

How many are there?

In this lesson you will learn:

- how to count up to one hundred
- how to understand prices in pounds and pence
- how to tell the time
- the future of the verb 'to be'

Dialogue 1 ▭

Ceud 'push-up'

A hundred push-ups!

Donald complains to his mother that he is too skinny. He decides it is time to do some push-ups! How many does he get through?

DOMHNALL:	A mhamaidh, tha mise ro chaol. Tha mi a' dol a dhèanamh 'push-ups' a h-uile latha. Dè ur beachd?
MATHAIR	Bidh sin glè mhath, a ghràidh.
DOMHNALL:	Tha mi a' dol a dhèanamh dà fhichead an-diugh, leth-cheud a-màireach, trì fichead an ath latha, an uair sin trì fichead 's a deich, ceithir fichead, ceithir fichead 's a deich . . . agus, an uair sin, ceud a h-uile latha.
MATHAIR	Siuthad, ma-tha.
DOMHNALL:	Seo sinn! A h-aon, a dhà, a trì, a ceithir, a còig, a sia, a seachd, a h-ochd, a naoi, a deich – obh, obh! A h-aon deug, a dhà dheug, a trì deug, a ceithir deug, a còig deug, a sia deug, a seachd deug, a h-ochd deug, a naoi deug, a fichead . . . mo chreach! A fichead 's a h-aon, a fichead 's a dhà, a fichead 's a trì, a fichead 's a ceithir, a fichead 's a còig, a fichead 's a sia, a

fichead 's a seachd, a fichead 's a h-ochd, a fichead 's a naoi, a fichead 's a deich! O, tha seo duilich! A fichead 's a h-aon deug, a fichead 's a dhà dheug, a fichead 's a trì deug, a fichead 's a ceithir deug, a fichead 's a còig deug, a fichead 's a sia deug, a fichead 's a seachd deug, a fichead 's a h-ochd deug, a fichead 's a naoi deug, dà fhichead! Rinn mi a' chùis! Rinn mi dà fhichead!

MATHAIR: Rinn thu math! Tha mi an dòchas gun dèan thu sin a h-uile latha!

DONALD: *I'm too skinny, Mum. I'm going to do some push-ups every day. What do you think?*

MOTHER: *That'll be great (very good), dear!*

DONALD: *I'm going to do forty today, fifty tomorrow, sixty the next day, and then seventy, eighty, ninety . . . and then, a hundred every day!*

MOTHER: *Go ahead, then!*

DONALD: *Here we go! One, two, three, four, five, six, seven, eight, nine, ten. Ooooh! Eleven, twelve, thirteen, fourteen, fifteen, sixteen, seventeen, eighteen, nineteen, twenty . . . help! Twenty-one, twenty-two, twenty-three, twenty-four, twenty-five, twenty-six, twenty-seven, twenty-eight, twenty-nine, thirty . . . this is tough! Thirty-one, thirty-two, thirty-three, thirty-four, thirty-five, thirty-six, thirty-seven, thirty-eight, thirty-nine, forty! I managed it! I did forty!*

MOTHER: *You did well! I hope you'll do that every day!*

Vocabulary

ro	too
beachd	opinion
uile	all; **a h-uile** every
fichead	twenty
leth-cheud	fifty (*lit.* half a hundred)
ceud	one hundred
an uair sin	then, after that
siuthad, ma-tha!	go on, then!
duilich	difficult
rinn	did – the past tense of **dèan**, to do

Language points

Ceud 'push-up' – although 'push-up' is an obvious borrowing from English the grammatical structure is Gaelic! **Ceud** 'one hundred' takes a singular form of the noun.

In **ro chaol** 'too thin' the word **ro**, like the word **glè**, lenites the following adjective.

Dè ur beachd? 'What is your opinion?', 'What do you think?'. **Dè do bheachd?** is the singular or informal form. The word **do**, meaning 'your', always lenites the following word.

Duilich, here used for 'difficult', is the same word you have already encountered for 'sorry' in phrases like **Tha mi duilich** 'I'm sorry'.

Tha mi a' dol a dhèanamh 'I'm going to do' – like the equivalent expression in English, is a way of talking about future intention.

Seo sinn, literally 'here we are', is often used for 'here we go!' at the beginning of an activity.

Obh obh! is an expression of distress or pain – sometimes **oich oich!**

Rinn is the past tense of **dèan** 'to do', so **rinn thu math!** means 'you did well!'. It is used idiomatically in **Rinn thu a' chùis!** 'You've succeeded!'.

Tha mi an dòchas, 'I hope', is literally 'I am in hope'.

Bidh sin glè mhath means 'That'll be really good!'. The word **bidh** is the future of the verb 'to be'. Sometimes it is written **bithidh** for emphasis. The other forms are:

Negative form	**cha bhi**	will not be
Question	**am bi?**	will . . . be?
Negative question	**nach bi?**	won't . . . be?

Some of the time expressions from the dialogue, together with some others which you have already encountered, include:

a h-uile latha	every day
an-diugh	today
a-màireach	tomorrow
an dè	yesterday
an ath latha	the next day

An extra one is **an earar** 'the day after tomorrow'.

More numbers

The numbers from eleven to twenty are formed by adding **deug** (equivalent to 'teen') to 1–9 as follows. Two points to notice are that **dhà** lenites **deug**, and that **h-** is inserted before **aon** and **ochd**.

11	**a h-aon deug**	16	**a sia deug**
12	**a dhà dheug**	17	**a seachd deug**
13	**a trì deug**	18	**a h-ochd deug**
14	**a ceithir deug**	19	**a naoi deug**
15	**a còig deug**	20	**a fichead**

Fichead is a particularly important number in Gaelic because it was traditionally used to define other numbers like 40, 60 and so on, in the same way that 'score' was used in English.

Building on **fichead** we have:

21 **a fichead 's a h-aon**
22 **a fichead 's a dhà**
23 **a fichead 's a trì**
24 **a fichead 's a ceithir**
25 **a fichead 's a còig**
26 **a fichead 's a sia**
27 **a fichead 's a seachd**
28 **a fichead 's a h-ochd**
29 **a fichead 's a naoi**
30 **a fichead 's a deich**
31 **a fichead 's a h-aon deug**, etc.
40 **dà fhichead**
50 **dà fhichead 's a deich/leth-cheud**
60 **trì fichead**
80 **ceithir fichead**
100 **ceud**

21 to 40 may also be written as:

21	**a h-aon air fhichead**	28	**a h-ochd air fhichead**
22	**a dhà air fhichead**	29	**a naoi air fhichead**
23	**a trì air fhichead**	30	**a deich air fhichead**
24	**a ceithir air fhichead**	31	**a h-aon deug air fhichead**
25	**a còig air fhichead**	32	**a dhà dheug air fhichead**
26	**a sia air fhichead**	33	**a trì deug air fhichead**
27	**a seachd air fhichead**	40	**dà fhichead**

(After 40 you revert to the previous format: e.g. **dà fhichead 'sa ceithir**.)

Exercise 1

Can you read aloud the following sequences of numbers in Gaelic? You will have to add the last three in each series.

1 2, 4, 6, 8, _____, _____, _____
2 10, 20, 30, 40, _____, _____, _____
3 5, 10, 15, 20, _____, _____, _____
4 3, 6, 9, 12, _____, _____, _____
5 6, 12, 18, 24, _____, _____, _____

Ages

Dè an aois a tha sibh? What age are you?/How old are you?

When a number in Gaelic is being used with a noun, then the noun is placed within the numerical phrase. The best and most commonly used example of this is when talking about people's ages. If you want to state your age in years, you have to use the word **bliadhna** (a word which is always used in the singular in this construction). Here are some examples:

I am twenty-four years old. = **Tha mi ceithir bliadhna air fhichead.** (*lit.* I am four years on twenty.)

She is thirty-seven years old. = **Tha i seachd bliadhna deug air fhichead.** (*lit.* She is seventeen years on twenty.)

He is sixty years old. = **Tha e trì fichead bliadhna.**

Can you give your own age in Gaelic? How about the ages of all the other members of your family or household?

Exercise 2

Here is your chance to do a little mental arithmetic in Gaelic. We use the phrase:

Dè na nì ... agus ... ? 'How much do ... + ... make?'

Example:

Dè na nì naoi deug agus deich?
How much do 19 and 10 make?

1 Dè na nì leth-cheud agus fichead?
2 Dè na nì seachd deug agus naoi?

3 Dè na nì ceithir fichead agus fichead?
4 Dè na nì fichead 's a sia agus sia deug?
5 Dè na nì dà fhichead agus fichead 's a h-aon deug?

●● Here is a traditional rhyme to learn:

Aon, dhà, trì,
An cat, an cù, 's mi fhìn,
A' ruith 's a' leum air feadh a' ghàrraidh,
Gus am fàs sinn sgìth.

One, two, three,
the cat, the dog, and me,
running and jumping around the garden,
until we grow tired.

Your address

This is another common occasion when you need to use numbers!
The Gaelic for 'address' is **seòladh**.

Dè an seòladh a tha agad/agaibh?   What is your address?

The following are some street names:

sràid	street	**rathad**	road
craobh-shràid	avenue	**cearcall**	crescent, circuit
ceàrnag	square	**doire**	grove

For example:

a h-aon deug Sràid an Loch = 11 Loch Street

a ceithir Rathad na Sgoile = 4 School Road

a fichead Rathad na Coille = 20 Forest Road

Can you now try to give your own address in Gaelic?

Dialogue 2 ▣

Fear na bùtha

The shopkeeper

Mrs MacDonald (Elizabeth) goes into the local shop together with her two youngest children, Ann and Iain. How much does she spend?

FEAR NA BUTHA:	Halò Ealasaid! Dè ur cor an-diugh?
EALASAID:	O, cor math, tapadh leibh, a Dhàibhidh. Dè ur cor fhèin?
FEAR NA BUTHA:	O, tha mi gu dòigheil, tapadh leibh. Ach, cò tha seo?
EALASAID:	Seo Anna is Iain, an dithis as òig' againn.
FEAR NA BUTHA:	Halò! Dè an aois a tha thu a-nis, Anna?
ANNA:	Tha mi deich!
IAIN:	Agus tha mise seachd. Bha mi seachd an latha roimhe. Tha mi ann an clas a trì anns an sgoil.
FEAR NA BUTHA:	Nach sibh a tha a' fàs mòr! Seo brioscaid teoclad dhan dithis agaibh.
ANNA IS IAIN:	O, tapadh leibh!
FEAR NA BUTHA:	A-nis, dè tha sibh ag iarraidh, Ealasaid?
EALASAID:	Bu toigh leam pinnt bainne agus dà lof, a Dhàibhidh.
FEAR NA BUTHA:	Aran donn no aran geal?
EALASAID:	Aon dhonn agus aon gheal, tapadh leibh.
FEAR NA BUTHA:	Bidh sin dà not is ceithir fichead sgillinn, Ealasaid.
EALASAID:	Seo trì notaichean, ma-tha.
FEAR NA BUTHA:	Glè mhath, seo fichead sgillinn air ais.
A H-UILE DUINE:	Beannachd leibh, an-dràsta!

SHOPKEEPER:	*Hello, Elizabeth! How are you today?*
ELIZABETH:	*Fine, thank you, David. How are you?*
SHOPKEEPER:	*Oh, I'm fine, thank you. But who's this?*
ELIZABETH:	*These are Ann and Iain, our two youngest.*
SHOPKEEPER:	*Hello! How old are you now, Ann?*
ANN:	*I'm ten!*
IAIN:	*And I'm seven! I was seven the other day. I'm in class 3 at school.*
SHOPKEEPER:	*Aren't you growing big! Here's a chocolate biscuit for the two of you.*

ANN AND IAIN:	*Thank you!*
SHOPKEEPER:	*Now, what would you like, Elizabeth?*
ELIZABETH:	*I'd like a pint of milk and two loaves, David.*
SHOPKEEPER:	*Brown bread or white bread?*
ELIZABETH:	*One white and one brown, thank you.*
SHOPKEEPER:	*That'll be two pounds and eighty pence, Elizabeth.*
ELIZABETH:	*Here's three pounds, then.*
SHOPKEEPER:	*Very good, here's twenty pence change.*
EVERYBODY:	*Bye for now!*

Vocabulary

bùth	shop (**bùtha** is the genitive case: **fear na bùtha** meaning 'the man of the shop')
dòigheil	well
dithis	two (only used of people – see the Language point below)
as òige	the youngest
aois	age
dhan	for (= **do** + **an**)
an latha roimhe	the other day
sgoil	school
a' fàs mòr	growing big
brioscaid teoclad	a chocolate biscuit
tha mi ag iarraidh	I want
aran	bread
lof	a loaf
pinnt bainne	a pint of milk
air ais	back
beannachd leibh!	goodbye! (*lit.* a blessing with you!)

Language points

Dè ur cor? is one way of asking 'how are you?'.

When Gaelic speakers are counting people, they normally use the special expressions below.

dithis = two people	**seachdnar** = seven
triùir = three people	**ochdnar** = eight
ceathrar = four	**naoinear** = nine
còignear = five	**deichnear** = ten
sianar = six	

If a person is on his/her own you say **Tha e na aonar/tha i na h-aonar**.

Exercise 3

Can you use the Gaelic expressions above to answer the following questions?

1 How many people live in your household?
2 How many people can you fit in your car?
3 How many people did you eat dinner with last night?
4 How many people could comfortably fit around your kitchen or dining-table?
5 How many people would you be prepared to share one pizza with?

Airgead

Dè a' phrìs a tha e?

In lesson 1 you were briefly introduced to some words for money:

pounds (£) **notaichean** pence (p) **sgillinn**

In the dialogue above, the bill came to £2.80 = **Dà not is ceithir fichead sgillinn**.

Notice that when counting in Gaelic the number two is treated as singular so we have **dà not**; the use of plurals doesn't begin until the number three – for example, **trì notaichean**. This number two is sometimes referred to as 'the dual' singular form.

Some other points to note are: 1p is normally **sgillinn** rather than **aon sgillinn**. This form is, however, used in an idiomatic expression to say that you have no money:

Chan eil aon sgillinn ruadh agam.
I haven't got a brown penny; I'm broke.

The form **sgillinn** is used for both singular and plural, although you may occasionally see 'pennies'/'pence' expressed as **sgillinnean**. Normally, though, we have:

aon sgillinn, dà sgillean, trì sgillinn, ... deich sgillinn, ...
   fichead sgillinn
not, dà not, trì notaichean, ... deich notaichean, ... fichead not

Also:

> **aon sgillinn deug**, etc. (but **dà sgillinn** *dheug*)
> **aon not deug**, etc. (but **dà not** *dheug*)

Exercise 4

Can you express, in Gaelic, the approximate prices that you would normally pay for:

a a haircut?
b a newspaper?
c a loaf of bread?
d a bus ticket?
e a bar of chocolate?
f a tankful of petrol?

Prepositional pronouns with *le*

The expressions **beannachd leat/beannachd leibh** = 'a blessing with you' – are very often used to say 'good-bye'. **Leat** and **leibh** come from the combination of the preposition **le**, meaning 'with', and the words for 'you'. Here is the pattern:

leam	with me
leat	with you (sing./informal)
leis	with him/it
leatha	with her
leinn	with us
leibh	with you (pl./polite)
leotha	with them

Some useful expressions based on this include:

Is toigh leam.	I like.
Bu toigh leam.	I would like.
Is fheàrr leam.	I prefer.

The third person masculine form is used to mean 'belonging to'.

Example: **Co leis a tha seo?**   Who does this belong to?

A Gaelic saying to describe a person who 'sits on the fence' is: **Tha e leam, leat**, *lit.* 'He is for me, for you'.

Dialogue 3 ◨

Dè an uair a tha e?

What time is it?

Catherine and Mairi have been invited to a party and are discussing the time it starts. When do they expect to be home?

CATRIONA: A Mhàiri, tha am partaidh aig Seòras ann a-nochd. A bheil thu a' dol ann?

MAIRI: O, tha! Dè an uair aig a bheil e a' tòiseachadh?

CATRIONA: Tha aig ochd uairean, tha mi a' smaoineachadh.

MAIRI: A bheil thu cinnteach nach ann aig cairteal gu naoi?

CATRIONA: Chan eil mi cinnteach. Thèid sinn ann mu leth-uair an dèidh ochd, co-dhiù.

MAIRI: Cuin a bhios am partaidh seachad?

CATRIONA: Bidh aig aon uair deug.

MAIRI: Is math sin. Bidh sinn aig an taigh tràth.

CATHERINE: *Mairi, George's party is on tonight. Are you going?*

MAIRI: *Oh, yes! What time does it start?*

CATHERINE: *At eight o'clock, I think.*

MAIRI: *Are you sure it's not at quarter to nine?*

CATHERINE: *I'm not sure. We'll go about half past eight anyway.*

MAIRI: *When does the party finish?*

CATHERINE: *At eleven o'clock.*

MAIRI: *That's good. We'll get home early.*

Vocabulary

partaidh	a party	**gu**	to
a-nochd	tonight	**thèid**	will go (future of **a'dol**)
a' tighinn	coming	**mu**	about
a' tòiseachadh	beginning	**an dèidh**	after, past in time
a' smaoineachadh	thinking	**cuin?**	when?
cinnteach	sure	**seachad**	over, finished
cairteal	a quarter	**tràth**	early

Language points

Telling the time

The important question is:

Dè an uair a tha e?   What time is it?

Literally, this means 'What hour is it?', as **uair** = hour.

uair a thìde = one hour (i.e. an hour of time)
leth uair a thìde = half an hour
cairteal na h-uaireach = a quarter of an hour
trì chairteal na h-uaireach = three quarters of an hour
mionaid = a minute
diog = a second (a tick)

Tha e uair. = It is one o'clock. (The number 'one' is not
   included.)
Tha e dà uair. = It is two o'clock.
Tha e trì uairean. = It is three o'clock. (Remember the plural
   form starts with **trì**.)

Then: **ceithir uairean, còig uairean, sia, seachd, ochd, naoi, deich
uairean, aon uair deug, da uair dheug.**

dà uair dheug = **meadhan latha**   midday, noon
              meadhan oidhche midnight

leth uair an deidh = half past
cairteal an deidh = a quarter past
cairteal gu = a quarter to

Example: **leth-uair an deidh còig** half past five

(The word **uairean** is not needed when telling the time except for
exact hours – as with 'o'clock' in English.)
   Minutes are as follows:

còig mionaidean an deidh	five past
deich mionaidean an deidh	ten past
cairteal an deidh	quarter past
fichead mionaid an deidh	twenty past
còig mionaidean fichead an deidh	twenty-five past
leth-uair an deidh	half past
còig mionaidean fichead gu	twenty-five to

fichead mionaid gu	twenty to
cairteal gu	quarter to
deich mionaidean gu	ten to
còig mionaidean gu	five to

Notice that the noun following **fichead** is singular. (Remember this is also true of **ceud** 'a hundred'.)

'a.m.' and 'p.m.' are expressed as 'morning', 'afternoon' and 'night'.

's a' mhadainn	in the morning
feasgar	in the afternoon
a dh' oidhche	at night

Example: **sia uairean 's a' mhadainn** = 6 a.m.
trì uairean feasgar = 3 p.m.
naoi uairean a dh'oidhche = 9 p.m.

Note: **aon uair**, **dà uair**, **trì uairean**, etc. can also mean 'once', 'twice', 'thrice' ('one time', 'two times', 'three times') etc.

Exercise 5

Take a look at the clock faces below and opposite. What time do they show?

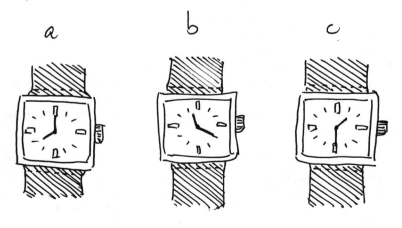

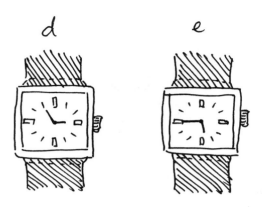

If you would like to talk about approximate times, the word for 'about' is **mu**. This word lenites the following word, so you would have:

còig uairean	five o'clock
mu chòig uairean	about five o'clock
cairteal gu sia	quarter to six
mu chairteal gu sia	about quarter to six

Exercise 6

a What is the exact time now?
b What time do you normally have lunch?
c What time did you go to bed last night?
d What time did you get up this morning?
e What is the latest time you would normally telephone someone in the evening?
f If there is a television in your house, what time is it normally turned off?

Some more useful phrases relating to time:

Fuirich mionaid!	Wait a minute!
Cha bhi mi mionaid!	I won't be a minute!
Cuin a bhios am bus a' falbh?	When does the bus leave?
Madainn mhath	Good morning
Feasgar math	Good afternoon/evening
Oidhche mhath	Good night

Reading 5

Bha mi-fhèin is mo bhràthair anns a' bhùth aig Dàibhidh an-diugh. Tha Dàibhidh uabhasach snog agus is toigh leis an teaghlach againn. Bha sinn ag iarraidh aran agus brioscaidean. Cha robh brioscaidean teoclad aige idir ach cheannaich sinn feadhainn eile. Bha an dithis againn sgìth agus bha an t-acras oirnn. Bha e leth-uair an deidh còig an uair sin agus bha thìd' againn a dhol dhachaigh. Bha mise ro sgìth airson na 'push-ups' agam a dhèanamh. Mo chreach! Feumaidh mi dà fhichead a dhèanamh a-màireach. Tha mo dhrùim goirt agus tha mo chasan goirt. Bidh iad goirt a-màireach cuideachd. Oich, oich! Chan eil mi cinnteach.

6 Biadh is deoch

Food and drink

In this lesson you will learn:

- how to give commands
- how to express likes and dislikes
- how to order a meal

Dialogue 1

An diathad

The lunch

Mairi and Donald meet in a café for lunch. They are served by a waitress called Peggy.

PEIGI:	Thigibh a-steach! Suidhibh sìos aig a' bhòrd seo.
MAIRI:	Tapadh leibh. Tha latha math ann, nach eil?
PEIGI:	Tha gu dearbh! Seo an clàr-bidhe ...
MAIRI:	Glè mhath!
DOMHNALL:	Dè bu toigh leat, a Mhàiri?
MAIRI:	Cofaidh geal, tha mi a' smaoineachadh. Agus sùgh orainds. Tha am pathadh orm!
DOMHNALL:	Dè tha thu ag iarraidh ri ithe?
MAIRI:	Dè mu dheidhinn ceapaire? Bhiodh ceapaire càise air a thostadh glè mhath. Dè tha thu-fhèin ag iarraidh?
DOMHNALL:	Cha toigh leam càise ach is toigh leam hama. Tha an t-acras orm. Gabhaidh mi dà cheapaire hama.
MAIRI:	An toigh leat cofaidh?
DOMHNALL:	Cha toigh leam cofaidh idir. Tha mi ag iarraidh cupa teatha, le bainne.
	(Thig an tè-fhrithealaidh air ...)

PEIGI:	Dè tha sibh ag iarraidh, ma-tha?
DOMHNALL:	Gabhaidh sinn cofaidh geal agus teatha gheal, ceapaire càise agus dà cheapaire hama air an tostadh, agus sùgh orainds, mas e ur toil e.
PEIGI:	A bheil sibh a' gabhail siùcar?
MAIRI:	O, chan eil, tapadh leibh.

PEGGY:	*Come in! Sit down at this table.*
MAIRI:	*Thank you. It's a nice day, isn't it?*
PEGGY:	*It certainly is! Here's the menu . . .*
MAIRI:	*Fine!*
DONALD:	*What would you like, Mairi?*
MAIRI:	*White coffee, I think. And orange juice. I'm thirsty!*
DONALD:	*What do you want to eat?*
MAIRI:	*What about a sandwich? A toasted cheese sandwich would be very good. What do you want?*
DONALD:	*I don't like cheese but I like ham. I'm hungry. I'll have two ham sandwiches.*
MAIRI:	*Do you like coffee?*
DONALD:	*I don't like coffee at all. I want a cup of tea with milk.*
	(The waitress returns . . .)
PEGGY:	*So what would you like, then?*
DONALD:	*We'll have a white coffee and a tea with milk, a toasted cheese sandwich and two toasted ham sandwiches, and orange juice please.*
PEGGY:	*Do you take sugar?*
MAIRI:	*No, thank you.*

Vocabulary

thigibh a-steach	come in (pl./polite imperative)
suidhibh sìos	sit down (pl./polite imperative)
clàr-bidhe	menu
sùgh orainds (m.)	orange juice
am pathadh (m.)	thirst
ri ithe	to eat
ceapaire (m.)	a sandwich
bhiodh	would be
càise (m.)	cheese
bainne (m.)	milk
siùcar (m.)	sugar

Language points

An diathad (f.) refers to the midday meal, which used to be the main meal of the day. The word is still used for 'lunch'. **Dìnnear**, a direct borrowing from English, is now used for 'dinner'.

Thigibh a-steach! 'Come in!' may also be expressed as **Trobhadaibh a-steach!**

Tha an t-acras orm means 'I'm hungry'. Literally, it is 'the hunger is on me'. Similarly, **tha am pathadh orm** 'I'm thirsty' is 'the thirst is on me'.

Bhiodh, sometimes written **bhitheadh**, is the conditional (formerly subjunctive) of the verb 'to be'.

One toasted sandwich (masculine singular) was **air a thostadh** (roughly, 'having been toasted'). When two sandwiches are mentioned, making the structure plural changes it slightly to **air an tostadh**.

Likes and dislikes

Dè bu toigh leat?	What would you like?
Bu toigh leam.	I would like.
Cha bu toigh leam.	I would not like.
Cha toigh leam.	I do not like.
An toigh leat?	Do you like?

Some food items introduced to Gaeldom are obvious borrowings from English. Here we have **teatha** (sometimes left as **tea**, other times spelt **ti**), as well as **cofaidh**, **orainds**, **hama** and **siùcar**. There are more to come!

To ask what someone would like to eat, you say:
Dè tha thu ag iarraidh ri ithe?

If you want to offer a drink, the question is:
Dè tha thu ag iarraidh ri òl?

Some drinks might be:

glainne uisge	a glass of water (Note that water is **bùrn** in some areas.)
sùgh ubhal	apple juice
glainne fìon	a glass of wine
pinnt leann	a pint of beer
uisge-beatha	whisky

Literally, **uisge-beatha** means 'the water of life'! As you might have noticed, the English word is derived from the sound of the Gaelic word **uisge**. If you are offered some, the word for 'cheers!' is **slàinte!**, meaning 'health'. If someone has had too much, you could say **Tha an deoch air** 'He's drunk'.

Balgam, meaning 'a mouthful', is often used colloquially in referring to beverages.

Example: **An gabh sibh balgam teatha?**

Here are some more expressions for offering, requesting and accepting:

Thig a-steach 's gabh balgam.	Come in and have a cuppa.
A bheil thu 'gabhail bainne?	Do you take milk?
Cupan eile?	Another cup?
Gabh briosgaid.	Take a biscuit.
Am faigh mi tuilleadh bainne?	Could I have some more milk?
Tha seo blasda.	This is delicious.
Bha sin dìreach math.	That was lovely.
Tapadh leat, ach cha b'urrainn dhomh.	Thank you, but I couldn't.

The word for 'without' is **gun**, so 'without sugar', for example, is **gun siùcar**.

There are labelled pictures of some common foodstuffs in the illustrations below and opposite. Which do you think are words originally borrowed from English?

bainne

cèic

aran

cofaidh

suiteas

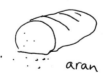

curran

tea (teatha)

càise

iasg

peur

buntàta

Oràinnsear

Ìsbeanan

Exercise 1

There is a word square below containing the Gaelic names of eighteen things to eat or drink. Can you find them? The words might be read in any direction. To help you, they are all listed under the square.

U	S	I	L	I	D	H	I	A	S	G
G	I	L	I	O	E	F	N	N	A	H
B	U	N	T	A	T	A	A	A	M	D
A	C	S	N	E	I	P	E	R	R	I
I	A	O	T	E	L	N	H	R	I	A
N	R	E	S	I	A	C	G	U	C	F
N	A	C	E	I	C	N	I	C	A	O
E	B	H	L	A	H	B	U	E	L	C

BAINNE   ARAN   CURRAN   FEOIL   IM   CAISE
UIGHEAN   SILIDH   SIUCAR   UBHAL   CAL   BUNTATA
UINNEAN   TEA   SNEIP   COFAIDH   IASG   CEIC

Exercise 2

Now that you know some more words for food, can you express some of your own likes and dislikes, using the phrases listed above?

Dialogue 2 ▭

Am dìnnear

Dinner-time

Mairi is eating dinner with the family. What does Ann ask for more of? What unusual foodstuff is Iain curious about?

ATHAIR: A bheil thu ag iarraidh tuilleadh feòil, a Mhàiri?
MAIRI: Tha, tapadh leibh. Tha i uabhasach math.
ATHAIR: Seo dhut, ma-tha.
ANNA: Bu toigh leam tuilleadh buntàta, mas e ur toil e.
MATHAIR: Cuiribh am buntàta sìos gu Anna. A bheil thu ag ithe do churranan, Iain?
IAIN: Tha! A Mhàiri, am bi thu ag ithe cangaru ann an Astràilia?
MAIRI: Bidh feadhainn gan ithe. Cha do dh'ith mise e a-riamh. Bidh sinn ag ithe biadh mar seo agus biadh eadar-nàiseanta cuideachd.
DOMHNALL: A bheil tuilleadh feòil ann?
MATHAIR: Dh'itheadh tu leth-cilo nad aonar. 'Se na 'push-ups' is coireach!
ANNA: An toigh leat reòiteag, a Mhàiri?
MAIRI: O, is toigh!
ANNA: Bidh mamaidh a' dèanamh reòiteag. Tha e mìorbhaileach.
MATHAIR: Siuthadaibh, togaibh na soithichean agus gheibh a h-uile duine reòiteag banana.

FATHER: *Would you like more meat, Mairi?*
MAIRI: *Yes, please. It's really good.*
FATHER: *Here you are, then.*
ANN: *I'd like some more potato, please.*
MOTHER: *Pass the potatoes to Ann. Iain, are you eating your carrots?*
IAIN: *Yes! Mairi, do you eat kangaroo in Australia?*

MAIRI:	*Some people do (eat them). I've never eaten it. We normally eat food like this and international food as well.*
DONALD:	*Is there any more meat?*
MOTHER:	*You would eat half a kilo by yourself. It must be the push-ups!*
ANN:	*Do you like ice-cream, Mairi?*
MAIRI:	*Oh, yes!*
ANN:	*Mummy makes ice-cream. It's fantastic.*
MOTHER:	*Come on then, clear the plates and we'll all have some banana ice-cream.*

Vocabulary

àm dinnear	dinner-time (**àm** = time)
tuilleadh	more
feòil (f.)	meat
dhut	for you (**do** + **thu**)
buntàta (m.)	potato/es
cuir sìos	pass (*lit.* put down)
curran (m.)	carrot
feadhainn	some (here = some people)
feuch	to try, to taste
eadar-nàiseanta	international
is coireach	is to blame/is the reason
reòiteag (f.)	ice-cream
siuthadaibh!	come on! (pl./polite)
togaibh	lift/pick up (pl./polite)
gheibh	will get

Language Points

Buntàta, the borrowed word for 'potato' or 'potatoes', is an unusual word because the stress falls on the second syllable. Most Gaelic words are pronounced with the strongest stress on the first syllable.

The dialogue contained a few more imperatives (or commands), in the plural form here because they were addressed to the whole family:

cuiribh	put	**siuthadaibh**	go ahead
togaibh	lift/pick up		

Coire (f.) is the word for 'blame', 'fault'. So to say: **'se ... is coireach** means ' ... is to blame'.

The dialogue also contained a structure with the word **bidh** (actually the future form of the verb 'be'), which is used to talk about things that happen fairly regularly, in the same way that the simple present is used in English. Two examples are:

Bidh feadhainn gan ithe.	Some people eat them.
Bidh mamaidh a' dèanamh ...	Mummy makes ...

Another useful structure, which may seem a little difficult at first, occurs in the first phrase above: **bidh feadhainn gan ithe**. The word **gan**, which is a prepositional possessive, operates like an object pronoun, in the same way as the English word 'them' in the translation. It is actually made up of the three words **aig an ithe**, 'at the eating of them', and these words collapse into the shorter **gan ithe**. Of course, these words can be used with many other verbs. Here, for example, is the full pattern together with the verb **iarraidh**, 'to want'.

gam iarraidh	wanting me	**gar n-iarraidh**	wanting us
gad iarraidh	wanting you (sing./informal)	**gur n-iarraidh**	wanting you (pl./polite)
ga iarraidh	wanting him/it	**gan iarraidh**	wanting them
ga h-iarraidh	wanting her/it		

Note: the plural form would be **gam** before **b**, **p**, **f**, **m**.

Exercise 3

Which phrase or sentence would you use in the following situations:

1 to say that you don't really want those fascinating old newspapers (i.e. 'them')?
2 to tell someone that the teacher wants him?
3 to comment that the boy doesn't want his dinner (i.e. 'it')?
4 to ask someone if they want you?

Dialogue 3 🔲

Ciamar a rinn sibh e?

How did you make it?

The ice-cream turns out to be really good. Mairi asks for the recipe. What are the main ingredients she would need?

MAIRI: Tha seo math! Ciamar a rinn sibh e?

MATHAIR: Uill, chan eil e duilich idir. Bidh mise a' cleachdadh 'blender' agus tha e glè fhurasta. An toiseach, feumaidh tu leth-cilo banana-an, dà cheud gram siùcar agus làn spàinn-mhòr sùgh liomain. Measgaich iad sin le chèile. An uair sin cuir ann làn cupa bainne, aon ugh agus cairteal-cupa bàrr, agus measgaich e a-rithist.

MAIRI: Ceart.

MATHAIR: Tha thu an uair sin a' cur ann leth-cupa bàrr agus ga mheasgachadh.

MAIRI: Agus dè tuilleadh?

MATHAIR: Dòirt ann an soitheach e agus cuir dhan reothadair e.

MAIRI: Chan eil sin ro dhuilich.

MATHAIR: Chan eil gu dearbh. O, aon rud eile – feumaidh tu a thoirt a-mach uair no dhà airson a chur mun cuairt. Bidh e nas fheàrr mar sin.

MAIRI: An seas e fada?

MATHAIR: Anns an taigh seo?

MAIRI: *This is good! How did you make it?*

MOTHER: *Well, it's really not difficult. I use a blender and it's very easy. First, you need half a kilo of bananas, 200g of sugar and a big spoonful of lemon juice. Mix them together. Then add a cupful of milk, an egg and a quarter cup of cream, and mix it again.*

MAIRI: *OK.*

MOTHER: *Then you put in half a cup of cream and mix it up.*

MAIRI: *And what else?*

MOTHER: *Pour it into a dish and put it in the freezer.*

MAIRI: *That's not too difficult.*

MOTHER: *No, it's really not. Oh, one other thing – you need to take it out once or twice to stir it. It's better that way.*

MAIRI: *Does it last long?*

MOTHER: *In this house?*

Vocabulary

feumaidh tu	you will need (**tu** is used here instead of **thu** because of the vowel sound at the end of the previous word)
spàinn-mhòr (f.)	a tablespoon
làn	full
sùgh liomain (m.)	lemon juice
an toiseach	first
measgaich	mix
le chèile	together
a' cleachdadh	using
furasta	easy
cuir ann	put in
ugh (m.)	an egg
cairteal	a quarter
bàrr (m.)	cream
ceart	right, OK
dòirt	pour
soitheach (m.)	a dish
reothadair (m.)	freezer
seas	to last (also means 'to stand')

Language points

Many borrowed words have been given a Gaelic plural ending –
e.g. 'bananas' – the Gaelic word is **banana-an**.

Did you notice the way the pronoun **ga** from the first dialogue
was used again here?

agus ga mheasgachadh   and stirring it

Airson means 'in order to'. So **airson a chur mun cuairt** is 'in
order to stir it' – literally, something like 'in order to put it around'.
The verb **cuir** 'put' drops the **i** in the infinitive form.

Exercise 4

What would you say in Gaelic if you wanted to ...

1 ask your friend if he likes fish?
2 ask a family member to pass the bread?

3 ask if you could have a little more milk in your coffee?
4 say that you don't like ice-cream at all?
5 ask your hostess how she made the chocolate cake?
6 ask a young child at the table if he is eating his potatoes?

A Gaelic proverb

An rud a thèid gan a' bhrù thèid a shùgh ga na casan.
What goes into the belly, its juice will go into the feet.

Reading 6 ▭

Aran coirce

Oatcakes

Seo mar a nì sibh aran coirce.
Feumaidh sibh   dà chupa min-choirce
                  leth spàinn-teatha sòda-arain
                  25 gram ìm
                  rud beag salainn
                  rud beag siùcar
                  bùrn teth (mu làn cupa)

Measgaich na rudan tioram le chèile ann am bobhla. Cuir ann am bùrn teth, beag air bheag. Measgaich e gun a dhèanamh ro fhliuch. Dèan cnap cruinn dheth. Cuir a-mach e air bòrd agus geàrr e na sgonaichean. Bruich iad ann an àmhainn theth gus am bi iad deiseil – mu fhichead mionaid.

Note: Both the recipes for oatcakes and (less traditionally Scottish) ice-cream should work. Why not put your Gaelic to the test in the kitchen?

7 An aimsir/an t-sìde

The weather

In this lesson you will learn:

- the days of the week
- the months of the year
- the seasons
- how to describe different weather situations
- more practice with adjectives

Dialogue 1 💿

Latha brèagha

A beautiful day

*Mairi goes out for a walk in the village and meets up with an elderly lady. The word for 'old lady' is **cailleach**.*

MAIRI: Madainn mhath.

CAILLEACH: Madainn mhath. Tha i brèagha an-diugh, nach eil?

MAIRI: Tha gu dearbh. Tha i blàth.

CAILLEACH: Bha i uabhasach fliuch Diluain is Dimàirt, ach tha coltas nas fheàrr oirre a-nis. Is tusa an nighean à Astràilia, nach tu?

MAIRI: Is mi. Is mise Màiri NicLeòid. Bidh mi an seo airson greis.

CAILLEACH: Tha mi a' creidsinn gu bheil e blàth grianach an Astràilia.

MAIRI: 'S ann à Sydney a tha mise agus bidh an samhradh againn ro theth. Ach tha an t-sìde glè mhath mar is trice. Tha barrachd uisge agaibhse.

CAILLEACH: Tha gun teagamh. Co-dhiù, tha latha math ann an-diugh.
MAIRI: Tha, tha mi fortanach.
CAILLEACH: Chì mi a-rithist thu, a ghràidh. Beannachd leat.
MAIRI: Mar sin leibh.

Vocabulary

tha gu dearbh	it is indeed (yes, indeed)
blàth	warm
fliuch	wet
Diluain	Monday
Dimàirt	Tuesday
coltas (m.)	look, appearance
nas fheàrr	better (**nas fheàrr na** = better than)
greis (f.)	a while
a' creidsinn	believing
grianach	sunny
an samhradh (m.)	the summer
teth	hot
mar is trice	more often, as often as not
barrachd	more
uisge (m.)	rain
teagamh (m.)	doubt
fortanach	fortunate
mar sin leibh	goodbye (*lit.* likewise to you)

Language points

An aimsir and **an t-sìde** are both in common use for 'weather'. Both words are feminine so 'the weather' is referred to as **i**:

Example:
Tha i brèagha an-diugh.   (The weather) is lovely today.

If you are referring to the 'day' you use **e**, as the word **latha** is masculine:

Example:
Tha latha brèagha ann an-diugh.   It's a lovely day today.
Tha e blàth.   (The day) is warm.

Basically, you can use either **i** or **e** and be correct when talking about the weather!

The verb 'to be': *is*

You have already seen and used the forms:

Is mise. I am.
Is tusa. You are.
'Se (is e). It is.
'Sann (is ann). It is in/It is from.

In the past tense these are written:

b'e (bu e)
b'ann (bu ann)

Is **and** *tha*

So what exactly is the difference between **is** and **tha**?
   Tha is the form of 'to be' used to describe any situation, action, person, place, etc.:

Example: **Tha mi sgìth.** I'm tired.
Tha mi a' dol dhachaigh. I'm going home.
Tha sin ceart. That's right.

Is is the form used to say that one person or thing is another person or thing:

Example: **Is mise Màiri.** I'm Mairi.
Is ise Catrìona. She's Catherine.
Is e ('Se) latha math a th'ann. It's a nice day.

So **tha** is descriptive, used with adjectives and verbs, while **is** says that one thing is another; i.e. it joins two noun ideas. In practice, if you learn these constructions as they appear in the text, you will probably not find it confusing.
   As you have probably come to realise, Gaelic has no direct equivalents of the words 'yes' and 'no'. Rather than answering a question with the word 'yes' or 'no', the answer is given by repeating the question verb in either the negative or the positive. Here is an example from the dialogue above. You will probably be able to pinpoint many other examples.

Tha i brèagha an-diugh, nach eil? Tha gu dearbh.
It's a lovely day, isn't it? Yes (It is), indeed.

Exercise 1

Can you answer the questions below in an appropriate way?

1 A bheil an aimsir math an-diugh?
2 A bheil thu gu math?
3 A bheil thu à Alba?
4 An tusa Seumas?
5 An e seo do bhiadh?
6 An ann à Leodhas a tha thu?

'Goodbye' – **beannachd leibh**, 'a blessing with you', you have already come across. **Mar sin leibh** 'likewise to you', which is actually the response to **beannachd leibh**, is now often used as the term of farewell – so you will often hear **mar sin leibh** and the response, **mar sin leibh fhèin**.

Làithean na Seachdain

The days of the week with their interesting derivations!

Dè an latha a th'ann an diugh?
What day is it today?

'Se:		
	Diluain a th'ann	the day of the moon
	Dimàirt	the day of Mars
	Diciadain	the day of the first fast
	Diardaoin	the day between two fasts
	Dihaoine	the day of the fast
	Disathairne	the day of Saturn
	Didòmhnaich/	the day of the Lord/
	Latha na Sàbaid	the Sabbath day

Didòmhnaich tends to be used in Roman Catholic parts of the Highlands while **Latha na Sàbaid** is normally used in Protestant areas.

('Last week' is **an t-seachdain a chaidh** – 'the week that went'.)

Exercise 2

Once you have tried to commit the names of the days of the week to memory, answer the questions below. The questions are in English, but they require a Gaelic response!

1 What day of the week is it today?
2 What day do you normally do the grocery shopping?
3 What day does your birthday fall on this year?
4 What day do you normally wash your car?
5 Which day of the week was Christmas Day last year?
6 What day are you most likely to stay home in the evening?
7 Which morning of the week do you stay in bed longest?
8 Which day would you go to church?

Dialogue 2

Latha stoirmeil

A stormy day

James, Catherine's grandfather, meets his old friend Alasdair in the street. They discuss the weather and reminisce a little. What is the topic of disagreement?

SEUMAS: Halò, Alasdair. Ciamar a tha thu?
ALASDAIR: Glè mhath, tapadh leat. Ciamar a tha an teaghlach?
SEUMAS: Chan eil càil ceàrr air duine dhiubh. Mo chreach, nach i tha fiadhaich!
ALASDAIR: Nach i. Bha an t-uisge trom 'sa' mhadainn cuideachd.
SEUMAS: Cha robh latha mar seo againn o chionn fhada.
ALASDAIR: Cha robh bho Mhàirt, an robh?
SEUMAS: Feuch an isd thu, a dhuine. Bha aimsir mhath againn 'sa' Mhàirt.
ALASDAIR: Cha robh, a Sheumais. A bheil cuimhne agad idir air na tuiltean mòra agus na gaothan uabhasach a bh'ann?
SEUMAS: Och, 's ann a bha sin as t-Fhoghar. Bha an t-Earrach math am bliadhna.
ALASDAIR: Tha thu a' call do chuimhne. Bha mise a-muigh anns an stoirm.
SEUMAS: Na bi gòrach. Thalla dhachaigh, agus mi gu reothadh!

Vocabulary

Chan eil càil.	There is nothing.
duine dhiubh	any of them
fiadhaich	wild, stormy

Nach i?	Isn't it?
an t-uisge (m.)	the rain
trom	heavy
'sa' mhadainn	in the morning
mar seo	like this
o chionn fhada	for a long time
am Màirt	March
isd	be quiet
cuimhne (f.)	memory
A bheil cuimhne agad?	Do you remember?
tuil (f.)	a flood
am Foghar	autumn
an t-Earrach	spring
am bliadhna	this year
a' call	losing
gòrach	silly, ridiculous
thalla dhachaigh	go away home
gu reothadh	just about freezing

Language points

Chan eil càil 'there is not anything' is always used to signify 'nothing'.

Example:	**Dè tha thu a' dèanamh?**	What are you doing?
	Chan eil càil.	Nothing!
	Dè tha ceàrr?	What's wrong?
	Chan eil càil.	Nothing.

The form used in questions is

A bheil càil ceàrr?   Is there anything wrong?

Duine dhiubh means literally 'a man of them' – 'any of them', in other words. The phrase comes from the prepositional pronoun **de + iad**.

Fiadhaich, meaning 'wild', is a good adjective for stormy or windy days. It can also be used of a person who is wild in the sense of 'furious', 'really angry'.

Feuch an isd thu 'Try to be quiet' is a good way of telling someone to be quiet – or shut up – with a hint of exasperation.

Duine, meaning 'man', is used to actually address people slightly more often than the equivalent is used in English. Because it is

an address or vocative form, the word is lenited, and it becomes
a dhuine.

Tuiltean is the plural of **tuil** 'flood'. The reason that the adjective takes the form **mòra** is that it has to agree with the plural noun.

Thalla is the imperative of the verb **falbh**, 'to go'.

Prepositional pronouns using *de* 'of'/'off'

James says there is nothing wrong with any 'of them': **dhiubh = de + iad**.

Using the other pronouns we have:

dhiom	of me
dhiot	of you (informal/sing.)
dheth	of him/it
dhith	of her/it
dhinn	of us
dhibh	of you (pl./polite)
dhiubh	of them

Example: **Cuir dhiot do chòta.**   Take off your coat.
  Cuir dheth an rèidio.   Turn off the radio.

The four seasons are:

an t-Earrach	spring
an Samhradh	summer
am Foghar	autumn
an Geamhradh	winter

The names for the seasons are preceded by 'the'.

as t-Earrach (anns an t-Earrach)	=	In spring
as t-Samhradh	=	In summer
as t- Fhoghar	=	In autumn
's a' Gheamhradh	=	In winter

Exercise 3

Which season would you normally associate with the words in the box below? Divide them into four groups, assigning each one to either:

Earrach	spring	**Samhradh**	summer
Foghar	autumn	**Geamhradh**	winter

fuar	ùr	saor-làithean	òg
gaoth	sneachd	uaine	duilleagain
Nollaig	grian	buain	reòiteag

The months of the year 🔲

Na Mìosan

Traditionally, the Gaelic names for the months were used less often than the terms for seasons and other landmark points in the year, so you will probably find that most Gaelic speakers still use the English forms for the names of the months. This is what the Gaelic versions look like. As with the seasons, the months have the definite article in front.

Am Faoilleach/san Fhaoilleach	**An t-Iuchair/san Iuchair**
An Gearran/sa' Ghearran	**An Lùnasdal/san Lùnasdal**
Am Màirt/sa' Mhàirt	**An t-Sultain/san t-Sultain**
An Giblean/sa' Ghiblean	**An Dàmhair/san Dàmhair**
An Cèitean/sa' Chèitean	**An t-Samhain/san t-Samhain**
An t-Ogmhìos/san Ogmhìos	**An Dùbhlachd/san Dùbhlachd**

There are two versions given for each month. The first is simply the name, together with the article, 'the'. The second corresponds to 'in' + the month name. **San** or **sa** (which is the shortened form of **anns an/anns a'** = 'in the'), puts the following noun into the dative case, hence the difference in spelling in the actual name of the month.

Exercise 4

Which month or months do you associate with:

a Christmas?
b Summer holidays?
c Easter?
d Hallowe'en?
e New Year?

Dialogue 3 📟

Am bodach-sneachda

The snowman

Snow has fallen during the night and Iain is excited. What does he plan to do?

IAIN:	Is toigh leam fhèin an geamhradh. Is toigh leam a' ghaoth 's an t-uisge. Is toigh leam an sneachda 's am fuachd.
MATHAIR:	Na bi gòrach! Càit' a bheil thu a' dol, a bhalaich?
IAIN:	Tha mi a' dol a-mach a dhèanamh bodach-sneachda. A bheil thu a' tighinn, a Chatrìona?
CATRIONA:	Fuirich mionaid. Tha mise gu reothadh. Feumaidh mi còt' is stoca is miotagan is boineid is brògan mòra a chur orm! Thig mi an uairsin.
IAIN:	Greas ort! Tha e brèagha, grianach a-muigh. Tha an leas agus an staran cho geal.
CATRIONA:	Seo mi. Agus seo ad dhubh is stoca dhearg airson a' bhodaich. Tha còta dubh agam cuideachd.
IAIN:	Bidh seo math. Nì sinn bodach-sneachda cho mòr ri taigh!
MATHAIR:	Is toigh leamsa teine blàth agus cupa math teatha. A-mach a seo sibh.

Vocabulary

bodach-sneachda (m.)	a snowman
am fuachd (m.)	the cold
an sneachda (m.)	the snow

fuirich mionaid	wait a minute
feumaidh mi	I must
còta (m.)	a coat
stoca (m.)	a scarf (sometimes **sgarf**)
miotagan (f.)	gloves
brògan mòra (f.)	boots
an uairsin	then
greas ort	hurry up
an leas (f.)	the garden
an staran (m.)	the path
cho	as
teine (m.)	a fire

Language points

Bodach is 'an old man'. Remember, we had the female equivalent **cailleach** in Dialogue 1.

A bhalaich is the address form of **balach**.

A chur orm means 'to put on me' (**a chur** is the infinitive form of **cuir**).

An uairsin is made up of the words **an uair sin** = 'at that time', or 'then'.

Airson a' bhodaich 'for the old man' – **bhodaich** is lenited because the previous word, **airson**, is a compound preposition and so **bodach** takes the genitive case.

Tha mi a' dol a-mach, says Iain – 'I'm going outside'. There are actually two words for the English 'out' or 'outside': **a-mach** and **a-muigh**. This is the difference:

Tha mi a' dol a-mach 'I'm going out' signifies some movement outwards. 'Come out' **Thig a-mach** also signifies movement.

Tha mi a-muigh 'I'm outside' indicates that the speaker is already out.

The same applies with 'in' and 'inside' (**a-steach** and **a-staigh**). **Tha mi a' dol a-steach** 'I'm going in' signifies movement inwards. **Tha mi a-staigh** 'I'm in' indicates that the speaker is already in. So 'Come in' is **Thig a-steach** (not **thig a-staigh**).

Did you notice how the adjectives in the dialogue agreed with the nouns?

ad dhubh	**ad** 'hat' is feminine
còta dubh	**còta** 'coat' is masculine
stoca dhearg	**stoca** 'scarf' is feminine

Exercise 5

You have come across quite a few references to the weather in this lesson. Can you describe the weather in the pictures below?

Some Gaelic similes which make references to the weather include:

cho fuar ris an t-sneachda
cho geal ris an t-sneachda
cho sleamhainn ris an easgann
cho fliuch ris a' chù
cho luath ris a' ghaoith

Reading 7 🔲

Leughadh

'Se an-diugh an trìtheamh latha den Mhàirt. 'Se Diciadainn a th'ann. Tha e an dèidh dà uair feasgar agus tha mi a-staigh a' gabhail cupa cofaidh. Tha an latha glè fhuar ach tha e tioram. Bha sìde uabhasach againn an t-seachdain a chaidh. Bha frasan sneachd' ann. Bha mi a' cuimhneachadh air an t-samhradh agus air làithean fada, grianach. Tha mi an dòchas gum bi samhradh brèagha ann am bliadhna. Tha mi a' dol air saor-làithean dhan Fhraing. Bidh sin math. Tha e ro fhuar an seo.

8 Air an dùthaich

In the countryside

In this lesson you will learn:

- how to ask questions using more interrogative words
- how to describe more habitual actions
- how to ask if you may do something
- the names of domestic and farm animals
- how to use ordinal numbers

Dialogue 1 🔈

Mairi has met a young man, Stewart, who works a croft not far from where the MacDonalds live. She is taking the opportunity to find out what a crofter's life is like.

MAIRI: An toigh leibh a bhith ag obair air croit?

STIUBHART: O, is toigh leam e gu dearbh.

MAIRI: Dè bhios sibh a' dèanamh a h-uile latha?

STIUBHART: Uill, bidh mi a' dèanamh iomadh rud. Bidh mi a' cur is a' buain, agus bidh mi a' sealltainn an dèidh nan caorach.

MAIRI: Dè bhios sibh a' cur?

STIUBHART: Bidh mi a' cur buntàta is càl is curranan is coirce.

MAIRI: Co mheud caora a th'agaibh?

STIUBHART: Chan eil ach fichead, ach tha deich uain agam.

MAIRI: A bheil beathaichean eile agaibh?

STIUBHART: Tha dà bhò agam agus aon laogh beag.

MAIRI: Tha obair eile agaibh, nach eil?

STIUBHART: O tha. 'Se tidsear a th' annam.

Vocabulary

croit (f.)	a croft
gu dearbh	indeed
iomadh	many
rud (m.)	a thing
a' cur	planting, sowing
a' buain	reaping, harvesting
a' sealltainn	looking
a' sealltainn an dèidh	looking after
nan caorach	the sheep (pl.)
coirce	oats
caora (f.)	a sheep
uain (m.pl.)	lambs
beathaichean (m.pl.)	animals
bò (f.)	a cow
laogh (m.)	a calf
eile	other/more
tidsear	teacher

Language points

Air an dùthaich is an idiom for 'in the country' (*lit.* 'on the countryside').

The reply to **an toigh leibh?** 'do you like?' is often shortened to **is toigh l'**.

The plural for 'sheep' is actually **caoraich**. In the dialogue above, though, it is **nan caorach**, the genitive plural form, because it comes after a compound preposition (**an dèidh**).

The word for 'oats', **coirce**, should be familiar, as you have come across it already in the form of **aran-coirce** 'oatcakes'.

Remember, **co-mheud** 'how many' is followed by a singular noun (not a plural as in English), so Mairi's question takes the form:

> **Co mheud *caora* a th'agaibh?**

The word **dà** 'two' lenites the following noun, so we have **bò** for 'a cow', but **dà bhò** for 'two cows'.

Plurals

The dialogue shows some of the different ways that Gaelic plurals can be formed.

Here are some examples:

curran	**curranan**
caora	**caoraich**
beathach	**beathaichean**
uan	**uain**

A harder to recognise plural is **mairt** which is actually the plural of **bò**. So if you were counting cows, you would say **aon bhò**, **dà bhò**, **trì mairt**, etc. The general word for cattle in the plural is **crodh**.

Animals 🔲

Here are some more Gaelic animal names.

cat (m.)	cat
cearc (f.)	hen, chicken
cù (m.)	dog
cuileag (f.)	fly
each (m.)	horse
faoileag (f.)	seagull
fiadh (m.)	deer
isean (m.)	little bird, chick
luch (f.)	mouse
muc (f.)	pig
rabaid (f.)	rabbit
seillean (m.)	bee
sionnach (m.)	fox
tarbh (m.)	bull
tunnag (f.)	duck

Exercise 1

Some of the 'animal' vocabulary from the dialogue and from the list above are hidden in this word square. How many can you find? The words to look for are printed at the bottom of the square. There are eighteen altogether.

```
R  A  B  A  I  D  E  C  N
L  I  C  A  O  R  A  G  T
T  E  A  C  R  A  E  C  S
A  O  T  U  N  N  A  G  I
R  N  L  U  A  C  A  A  O
B  A  I  U  M  E  S  E  N
H  E  R  I  L  A  B  L  N
D  S  B  I  U  C  M  I  A
A  I  O  U  C  H  M  U  C
I  A  N  U  H  E  U  C  H
F  S  E  I  L  L  E  A  N
```

BO EACH MUC CAORA UAN CU CAT FIADH
LUCH RABAID FAOILEAG TUNNAG CUILEAG
SIONNACH SEILLEAN TARBH ISEAN CEARC

Exercise 2

Look at the list of animals below. Can you re-arrange them in order of size, from the smallest to the largest?

each luch cat isean faoileag cuileag muc sionnach

Dialogue 2 ▣

Na beathaichean

The animals

Mairi visits Stewart's croft and meets some of the animals.

MAIRI: O, seall air a' chù! Nach e tha snog! Dè an t-ainm a
            th'air?
STIUBHART: Sin 'Dìleas'. 'Se cù-chaorach a th'ann. Trobhad, a
            chuilein!

MAIRI: A bheil cù eile agaibh?

STIUBHART: Tha gu dearbh. 'Se cuilean òg a th'ann. 'Se 'Fraoch' an t-ainm a th'air. Cha toigh leis an cat idir.

MAIRI: Càit' a bheil an cat agaibh?

STIUBHART: Tha i anns an leas. Tha trì piseagan aice. O, mo chreach!

MAIRI: Dè tha ceàrr?

STIUBHART: Cha do chuimhnich mi air a' chearc 's na h-iseanan. Ithidh an cat na h-iseanan! Feumaidh mi na h-iseanan a chur dhan t-sabhal.

MAIRI: Agus an e bodach-ròcais a tha shìos an sin?

STIUBHART: 'Se. Cumaidh e na faoileagan air falbh.

Vocabulary

seall	look
dìleas	faithful
cù-chaorach (m.)	a sheepdog
cuilean (m.)	a puppy
fraoch (m.)	heather
piseagan (m.)	kittens
Cha do chuimhnich mi.	I forgot. (I did not remember.)
a' chearc (f.)	the hen
iseanan (m.)	chicks
ithidh	will eat
an sabhal (m.)	the barn
bodach-ròcais (m.)	a scarecrow
shìos	down
Cumaidh e.	It/He will keep.
na faoileagan (f.)	the seagulls
air falbh	away

Language points

O, seall = 'look'. **Seall** is the imperative of **a' sealltainn** 'looking'.

Rather than saying 'look at', the Gaelic expression is literally 'look on', as in **Seall air a' chù** – literally, 'Look on the dog'.

Trobhad, a chuilein is a vocative (address) structure – 'come, puppy' – which is used affectionately for older dogs as well as pups.

Cù-chaorach means 'a sheepdog'. The genitive plural form for 'sheep' is used, because **cù-chaorach** equates to 'a dog for sheep'.

The most common expression to say 'I forgot' is **Cha do chuimh-nich mi**, which is actually 'I did not remember'. The phrase **Dhiochuimhnich mi**, 'I forgot', could be used instead.

Isean 'chick' is also the general word used for 'bird' in some areas.

Bodach-ròcais is literally 'an old man for the rooks (crows)' – 'a scarecrow'.

Exercise 3

In the left-hand column you will see some of the words for young or baby animals you have come across so far. Can you link them with the correct fully-grown versions?

Baby	*Adult*
cuilean	caora
piseag	cearc
isean	cat
laogh	cù
uan	bò

Dialogue 3

Anns an lot

On the croft

Stewart shows Mairi some more interesting aspects of life on the croft.

MAIRI: Tha am feur fada anns an lot agaibh, nach eil?
STIUBHART: Tha. Bidh na beathaichean ga ithe.
MAIRI: Tha mi a' faicinn each. Am faod mi marcachd air?
STIUBHART: Chan fhaod gu dearbh. Tha e ro mhòr. 'Se each-cairt a th'ann.
MAIRI: Cait' a bheil a' chairt?
STIUBHART: Chan eil cairt againn a-nis. Tha tractar ùr agam.
MAIRI: Carson? Dè a bhios sibh a' dèanamh le tractar?
STIUBHART: Bidh mi a' treabhadh leis as t-Earrach.
MAIRI: Mo chreach! An e tarbh a tha sin?
STIUBHART: 'Se. Tha e ceangailte, ach cum air falbh. Tha e cunnar-tach.

Mairi:	O, tha tunnagan agaibh. Nach iad a tha brèagha. Is toigh leam an fheadhainn bheag sin.
Stiubhart:	Tha iad glè shnog.
Mairi:	A-nise, cuin a bhios a' chiad bhus a' dol air ais gu Port Rìgh?
Stiubhart:	Bidh aig leth uair an deidh ceithir. Tha thìd' agaibh falbh.
Mairi:	Beannachd leibh agus tapadh leibh.
Stiubhart:	'Se ur beatha. (Ceistean, ceistean!)

Vocabulary

am feur (m.)	the grass
each (m.)	a horse
Am faod mi?	May I?
Chan fhaod.	No, you may not.
marcachd	to ride
each-cairt	a cart-horse
a' chairt (f.)	the cart
ùr	new
carson	why
a' treabhadh	ploughing
tarbh (m.)	a bull
ceangailte	tied
cum air falbh	keep away
cunnartach	dangerous
tunnagan	ducks
an fheadhainn bheag	the little ones
a' chiad bhus	the first bus
air ais gu	back to
Tha thìd' agaibh falbh.	It's time you were going.
'Se ur beatha.	You're welcome.
ceistean	questions

Language points

An lot is derived from the English 'lot' (as in 'parking lot' or 'allotment'). It is commonly used for the allotment of land given to the crofter by a landlord. (Traditionally, crofters held their land on long-term leases. They did not normally own the land which they worked.)

Am faod mi? means 'may I?'/'am I allowed?'. The answer would be either **faodaidh** 'yes, you may' or **chan fhaod** 'no, you may not'.

The word **tìde**, derived from the old Anglo-Saxon word, is used to mean 'time' in the sense of a period of time, or the appropriate moment to do something. For example:

Chan eil tìde gu leòr agam. I don't have enough time.
Tha thìd agad falbh! It's time you were going!

A' chiad bhus = 'the first bus'. The expression **a chiad** lenites the word that follows.

Ordinal numbers

1st	**a' chiad**	+ noun
2nd	**an darna**	+ noun
3rd	**an treas/an trìtheamh**	+ noun
4th	**an ceathramh**	+ noun
5th	**an còigeamh**	+ noun
6th	**an siathamh**	+ noun
7th	**an seachdamh**	+ noun
8th	**an t-ochdamh**	+ noun
9th	**an naoidheamh**	+ noun
10th	**an deicheamh**	+ noun
11th	**an t-aonamh**	(+ noun, e.g. **fear**) **deug**
12th	**an darna (fear) deug**, etc.	
20th	**am ficheadamh**	

Exercise 4

Birth dates: Now that you know the names of the months, together with the numbers up to thirty-one (and beyond), can you write down your birthday in Gaelic? Try a few others, such as the dates of family members, as well. A few models are given for you below.

When is your birthday?   **Cuin a tha do latha-breith ann?**

Or, if you now feel confident with the future of 'to be' you can ask:

Cuin a bhios do latha-breith ann?

Example:

Tha mo latha-breith ann air a' chiad latha den Dùbhlachd.

or

Bidh mo latha-breith ann air a' chiad latha den Dùbhlachd.
(December 1)

Tha mo latha-breith ann air an darna latha den Fhaoilleach.
(January 2)

Tha mo latha-breith ann air a' chòigeamh latha deug den Mhàirt. (March 15)

Tha mo latha-breith ann air an ochdamh latha air fhichead den Lunasdal. (August 28)

Note: you will see the word for 'birthday' written in the form **co-latha-breith** and also with the word for day shortened to **là**, i.e. **là-breith** and **co-là-breith**. You will probably often hear the English word 'birthday' used!

Exercise 5

The most popular event at the local primary school sports day is the final of the egg-and-spoon race. The ten competitors this year were Peigi, Iseabail, Eilidh, Barabal, Seonag, Uilleam, Raibeart, Peadar, Murchadh and Coinneach. From the information below, can you work out the exact order in which they crossed the line? (This is easier than it looks – especially if you draw up a grid and eliminate positions this way!)

Note: we use **duine** for person, whether male or female.

Cha b'e Coinneach an ceathramh duine, no an còigeamh duine, no an siathamh duine.

B'e Raibeart an darna duine.

B'e nighean an treas duine.

B'e balach a' chiad duine is an duine mu dheireadh.

Bha Murchadh anns an ochdamh àite.

Bha Peadar an dèidh Seonag.

Bha Barabal an dèidh Iseabail.

Cha robh duine an dèidh Uilleam.

B'e Peadar an còigeamh duine.

B'e Barabal an t-ochdamh duine no an naoidheamh duine.

Cha robh Iseabail na bu luaithe na Eilidh no Peigi.
B'e Seonag an ceathramh duine.
B'e Eilidh an nighean bu luaithe.

Ceistean, ceistean

Question forms

Here are some of the most important words you need for asking questions. If you look back at the dialogues in this unit, you will notice even more examples.

De? *Example*: **Dè tha thu a' dèanamh?**
What are you doing?

Co? **Cò tha seo?**
Who is this?

Cuin?	**Cuin a bhios àm dìnneir ann?**
	When will dinner-time be?
Carson?	**Carson a tha thu duilich?**
	Why are you sad?
Ciamar?	**Ciamar a tha thu?**
	How are you?
Caite?	**Càit' a bheil mo sgàilean?**
	Where's my umbrella?
Co mheud?/	**Co mheud/cia mheud caora a th'agaibh?**
Cia mheud?	How many sheep do you have?
De cho tric?	**Dè cho tric 'sa bhios bus a' dol gu Lochmor?**
	How often does a bus go to Lochmor?

(Notice that **càite** takes the question form of the verb 'to be' **a bheil**.)

Exercise 6

Here are some answers to questions. Can you provide the questions?

1 Tha mi gu math, tapadh leibh.
2 Bidh an trèan a' falbh aig uair.
3 Bidh a' bhracaisd ann aig leth uair an dèidh seachd.
4 Seo Dàibhidh, mo bhràthair.
5 Bidh mi a' dol a chadal mu aon uair deug.
6 Tha ceathrar chloinne aice.
7 D' ad? Chan eil fhios agam.
8 Tha iad a' coimhead an telebhisean.

Reading 8 ▣

Croitearachd

Crofting

Tha mòran chroitearan a' fuireach ann an ceann a-tuath Alba. 'Se obair chruaidh a th'ann. Feumaidh iad a bhith a-muigh le gaoth is uisg is fuachd, ach is toigh leotha an dòigh-beatha sin. Feumaidh iad obair eile cuideachd oir cha dèan iad airgead gu leòr air a' chroit. Tha feadhainn ag obair anns a' bhaile, feadhainn eile ag iasgach, agus feadhainn eile a' fighe a' chlò Hearach.

Mar is trice, 'se caoraich a bhios aig croitearan an là-an-diugh. Is dòcha gum bi na croitearan a' cur buntàta is snèipean is rudan mar sin cuideachd. Tha taighean mòra, brèagha aig na daoine sin agus 'se dòigh-beatha mhath a th'aca.

Am bu toigh leat fhèin a bhith nad chroitear air a' Ghaidhealtachd?

9 Co às a tha thu?

Where are you from?

In this lesson you will learn:

- more Gaelic place names
- the past tense of the irregular verbs 'to go' and 'to see'
- to describe geographical features
- to talk about distances
- more prepositional pronouns

Dialogue 1 ▢▢

Caraidean ùra

New friends

Mairi goes on a day trip to Culloden. She gets into conversation with two young tourists, Ken and Isabel.

COINNEACH	Hi! Is mise Coinneach agus is e seo Iseabail.
MAIRI	Halò, is mise Màiri NicLeòid.
ISEABAIL:	Co às a tha thu, a Mhàiri?
MAIRI:	Tha mise à Astràilia. Co às a tha sibhse?
COINNEACH:	Tha Iseabail à Dùn Eideann, agus tha mise à Amaireaga.
MAIRI:	A bheil Gàidhlig aig an dithis agaibh?
ISEABAIL:	Tha mise ag ionnsachadh.
COINNEACH:	Tha Gàidhlig aig mo phàrantan-sa agus dh'ionnsaich mi i nuair a bha mi òg. Bhiodh sinn a' bruidhinn Gàidhlig anns an dachaigh.
MAIRI:	Co às a tha do phàrantan?
COINNEACH:	Tha iad à Leòdhas agus chaidh iad gu Seattle. Tha mòran Ghaidheil an sin.

ISEABAIL: Tha thusa fortanach, a Choinnich.
COINNEACH: O, tha gu dearbh. Co-dhiù, tha mi-fhèin is Màiri a'
bruidhinn Gàidhlig riut, nach eil?
ISEABAIL: Tha, tha sin math.

Vocabulary

caraidean	friends (sometimes written as **càirdean**, which actually means 'relations' – as in Dialogue 3)
ùra	new (This is the plural form of the adjective.)
Dùn Eideann	Edinburgh
ag ionnsachadh	learning
Dh'ionnsaich mi i.	I learned it.
nuair	when
an dachaigh (f.)	the home
Chaidh iad.	They went.
Leòdhas	the Isle of Lewis
mòran	many
Gaidheil	Gaels
fortanach	fortunate, lucky
co-dhiù	anyway
riut	to you

Language points

You might have noticed these two points which you have already
come across in previous lessons:

– the emphatic pronouns: **mise, thusa, sibhse** ('I', 'you', 'you')
– the lenition following the words **mo**, and **do** ('my', 'your'), so
that **pàrantan** becomes **phàrantan; mo phàrantan**, 'my parents'.

Nuair a is a shortened form of **an uair a**, meaning 'the time when'.
An dachaigh (formerly spelled **dachaidh**) is 'the home'. To say 'I'm
going home' **Tha mi a' dol dhachaigh** is used. But remember – if
someone is 'at home', he is **aig an taigh** = 'at the house'.

The word for a Gael (Highlander) is **Gaidheal**, and the plural is
Gaidheil. In the phrase **mòran Ghaidheil** 'a lot of Gaels', 'many
Gaels' the genitive form is used because it follows the word **mòran**.
More about genitives later!

Tha Iseabail à Dùn Eideann 'Isabel comes from Edinburgh'
could also be written **'S ann à Dùn Eideann a tha Iseabail** 'It's

Edinburgh Isabel comes from'. This sort of structure is used in Gaelic much more often than the corresponding structure is normally used in English.

Exercise 1

Can you put these sentences into the two forms above?

1 Kenneth is from Seattle.
2 Mairi is from Australia.
3 Catherine is from Skye.
4 My parents are from Lewis.
5 David is from Scotland.

The verb 'to go'

present tense:	**Tha mi** etc. **a' dol.**	I am going.
past tense:	**Chaidh mi** etc.	I went.
the interrogative is:	**An deach mi?** etc.	Did I go?
the negative past is:	**Cha deach mi.** etc.	I didn't go.
the negative past question is:	**Nach deach mi?** etc.	Didn't I go?

Exercise 2

Think about your last holiday, or the last time you travelled somewhere. Where did you go? Can you express the idea in Gaelic, using the past tense of the verb 'to go'? If you are studying with another person, you will be able to use the question forms as well. If any of your travels took place in Scotland, the map opposite will help you with Gaelic place names.

Example: **Càit' an deach sibh?**   Where did you go?
          Chaidh sinn a *Gh*laschù.   We went to Glasgow.

Note: the preposition 'to' – **a** – always lenites place names which
begin with a consonant (except **l**, **n**, and **r**).

If the place name begins with a vowel – e.g. **Ardnamurchan**,
Obair Dheadhain – then 'to' takes the form **a dh'** – e.g. **Chaidh mi a
dh'Ardnamurchan**.

If the place name is preceded by **an**, **an t-**, **a'**, or **na** (i.e. the
definite article), then 'to' takes the form **dhan/dha na**. For example:

an Fhràing	an t-Oban	a' Chuimrigh	na Hearadh
dhan Fhràing	dhan Oban	dhan Chuimrigh	dha na Hearadh

You may also hear **do** used for 'to' e.g. **do Ghlaschù, do Leòdhas**.

Dialogue 2

Thall 's a-bhos

Here and there

After the tour of Culloden the three young people continue their conversation over coffee.

COINNEACH: Chaidh na Gaidheil air feadh an t-saoghail an dèidh Blàr Chuil-Lodair, nach deach?

MAIRI: Chaidh. Tha Gaidheil a-nis anns gach àite fon ghrèin – ann am mòran àiteachan, co-dhiù.

COINNEACH: An robh sibh a-riamh an Amaireaga?

ISEABAIL: Bha mise. Tha e mòr. Tha Alba cho beag.

MAIRI: Cha robh mise. Bu toigh leam a dhol ann. Chaidh mo bhràthair ann an-uiridh agus chòrd e ris.

COINNEACH: Tha Alba beag ach tha e brèagha. Tha beanntan àrd' ann airson sreap, agus lochan math' airson iasgach, agus tha Uilebheist Loch Nis ann! Tha Alba a' còrdadh riumsa.

ISEABAIL: Is dòcha gum faic sibh an uilebheist!

MAIRI: Bidh cuideigin ga fhaicinn a h-uile bliadhna, nach bi? Am faca tusa e a-riamh, Iseabail?

ISEABAIL: Mise? O, chan fhaca!

Vocabulary

air feadh	throughout
an saoghal (m.)	the world
an dèidh	after
blàr	battle
Cuil-Lodair	Culloden
àite (m.)	place (plural – **aiteachan** 'places')
fo	under
a' ghrian (f.)	the sun
a-riamh	ever
a dhol ann	to go there
còrdadh, còrd	to like (followed by **ri**)
ri	to
beanntan	hills (plural of **beinn** (f.) 'hill')

sreap	climbing
lochan	lochs (plural of **loch** (m.) 'loch', 'lake')
iasgach	fishing
Uilebheist Loch Nis	the Loch Ness monster
riumsa	to me (emphatic)
is dòcha	perhaps
gum faic sibh	that you will see
ga fhaicinn	seeing it
Am faca tusa e?	Did *you* (emph.) see it?

Language points

Thall 's a-bhos literally means 'over there and over here' but is more idiomatically translated as 'here and there'. Some more examples of this 'back to front' translation are:

> **an siud 's an seo** – *lit.* there and here
> **a-mach 's a-steach** – *lit.* out and in

Remember **Tha mi an dòchas**, literally 'I am in hope' = 'I hope'? So **'s dòcha** means 'perhaps', 'hopefully'!

Fon is made up of the words **fo** + **an** = 'under the'.

A' ghrian is 'the sun'. Putting it after the word **fon**, 'under', makes it into a dative structure, which changes the form slightly to **ghrèin** – **fon ghrèin** = 'under the sun'.

An t-saoghail 'the world' is also in a slightly different form from the one given in the vocabulary list. It takes the genitive form because it follows a compound preposition (a preposition made up of more than one part). As well as **air feadh** 'throughout', there is another compound preposition in the dialogue: **an dèidh**, 'after'.

The verb 'to see'

present tense:	**Tha mi** etc. **a' faicinn**	I am seeing.
past tense:	**Chunnaic mi** etc.	I saw.
the interrogative is:	**Am faca mi?** etc.	Did I see?
the negative past is	**Chan fhaca mi** etc.	I didn't see.
the negative question is	**Nach fhaca mi?** etc.	Didn't I see?

Exercise 3

Think again about the places you described visiting in Exercise 2. What sort of things did you see? Can you answer the question below in Gaelic?

Dè a chunnaic thu air do shaor-làithean?
What did you see during your holiday?

For example:

Chunnaic mi an uile-bheist!	I saw the monster!
Chunnaic mi an t-Eilean Sgitheanach.	I saw the Isle of Skye.
Chan fhaca mi mòran.	I didn't see much.

Prepositional pronouns with *ri*

Kenneth says **Tha mi-fhèin is Màiri a' bruidhinn Gàidhlig riut** 'Mairi and I are speaking Gaelic to you'. **Riut**, 'to you', is made up of **ri + thu**.

When Mairi talks about her brother's trip to America, she says **Chòrd e ris** 'He liked it'. **Ris**, 'to him', is made up of **ri + e**.

Here is the whole set of prepositional pronouns with **ri**:

rium	to me	**ruinn**	to us
riut	to you (sing./informal)	**ruibh**	to you (pl./polite)
ris	to him	**riutha**	to them
rithe	to her		

To talk about enjoyment of a thing or activity, **còrdadh**, **còrd** with a **ri** prepositional pronoun is a useful phrase. Here are some more examples:

A bheil sin a' còrdadh ruibh?	Are you enjoying that?
Chan eil mo bhiadh a' còrdadh rium idir.	I'm not enjoying my food at all.
Chòrd e rithe glè mhath.	It pleased her very much.
Cha do chòrd e ris.	He didn't enjoy it.
An do chòrd e riut?	Did you enjoy it?

Exercise 4

What would you say in the following circumstances?

1 You want to ask if an acquaintance is enjoying his new job.
2 You're watching a seven-year-old wrestling with his plate of spinach.
3 You didn't like the film you have just seen very much.
4 You can see a group of children having a great time on the beach.
5 You want to tell your neighbour that your family enjoyed the cake she made.

Dialogue 3 🔲

Càit' an teid sinn?

Where will we go?

The three plan to visit other places of interest in Scotland.

MAIRI:	Bu toigh leam a dhol a Dhùn Eideann. Chunnaic mi an Tatù air an telebhisean. A bheil an caisteal mòr, Iseabail?
ISEABAIL:	Tha, agus tha Dùn Eideann snog. Feuch gun tig thu aig àm na Fèise.
MAIRI:	O, bidh sin math.
COINNEACH:	Tha Glaschù nas motha na Dùn Eideann. Bha mise an Glaschù an t-seachdain a chaidh. Tha e mòr is trang.
MAIRI:	Chan eil caisteal ann, ge-tà!
COINNEACH:	Bu chaomh leamsa a dhol gu Gleann Comhan.
MAIRI:	Mise, cuideachd. 'Se MacDhòmhnaill a th' air mo chàirdean san Eilean Sgitheanach. Mharbh na Caimbeulaich na Dòmhnallaich ann an Gleann Comhan o chionn fhada. A bheil sin ceart?
ISEABAIL:	Tha. Ann an 1692. Bha e uabhasach.
COINNEACH:	An robh thu aig Caisteal Dhùn Bheagain fhathast? Sin caisteal Clann Mhic Leòid. Chan eil fhios nach fhaigh thu cupa teatha ann!
MAIRI:	Dè do bheachd?
COINNEACH:	An robh thu a-riamh an Leòdhas, Iseabail? Tha càirdean gu leòr agamsa an sin.

ISEABAIL:	Tha mi a' dol a Leòdhas còmhla ri mo charaid an ath mhìos.
MAIRI:	Am faod mise tighinn?
CIONNEACH:	Agus mise?
ISEABAIL:	Faodaidh gu dearbh. Gheibh sinn 'leabaidh is bracaist'.
COINNEACH:	Chì sinn Clachan Chalanais agus am Broch agus croitean agus monaidhean agus fraoch ...

Vocabulary

Bu toigh leam.	I would like.
a Dhùn Eideann	to Edinburgh
caisteal (m.)	a castle
chunnaic mi	I saw
tig	come (from **tighinn**)
àm	time
fèis (f.)	a festival
Glaschù	Glasgow
ge-tà	however
Bu chaomh leam.	I would like (used in some areas in preference to **bu toigh leam**).
Gleann Comhan	Glencoe
càirdean	relations
MacDhòmhnaill	MacDonald
marbhadh	to kill
na Dòmhnallaich	the MacDonalds
na Caimbeulaich	the Campbells (reference to the massacre of Glencoe)
uabhasach	terrible
fhathast	yet, still
Dun Bheagan	Dunvegan
Clann Mhic Leòid	the Macleods
an ath mhìos	next month
gheibh	will get
leabaidh (f.)	a bed
bracaist	breakfast
Clachan Chalanais	the standing stones at Callanish
mòinteach (f.)	a moor
fraoch (m.)	heather

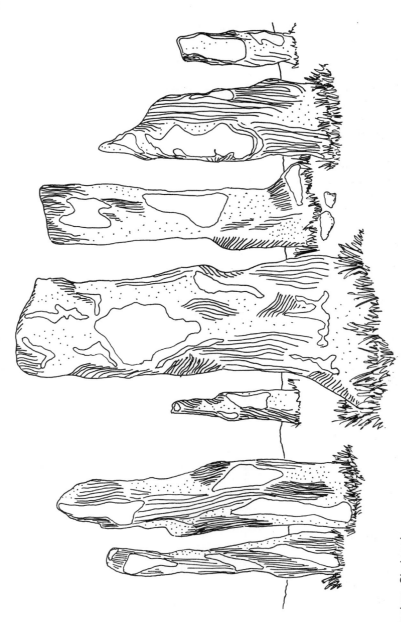

Clachan Chalanais

Language points

Chunnaic you have already encountered this lesson – the past tense of **faic**, 'to see'.

Mharbh is another past tense, meaning 'killed'.

Leabaidh is bracaist = 'bed and breakfast'. (A fun way of saying it is **leabaidh is lite** – i.e. bed and porridge.)

Feuch an tig thu means '(you) try to come'.

Remember, Isabel comes *from* Edinburgh = *à Dùn* **Eideann** (*lit.* 'out of'). Mairi would like to go *to* Edinburgh = *a Dhùn* **Eideann.** (We have already studied this construction in describing places we went to.)

Edinburgh Castle = **Caisteal Dhùn Eideann.** Because 'the castle of Edinburgh' is a genitive structure, the second noun **Dùn** is lenited.

Exercise 5

To complete the following puzzle you will need to refer to some of the words you have learned in this lesson. When all the horizontal words are completed, you should be able to see a vertical word as well – referring to an international celebrity. The clues are given in English:

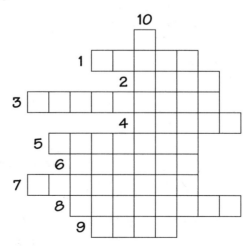

1	town	4	hill	7	home
2	lake	5	world	8	castle
3	moor	6	island	9	place

📼 A song about the Isle of Lewis begins:

Eilean mo ghaoil, is caomh leam eilean mo ghràidh.
Eilean mo ghaoil, is caomh leam eilean mo ghràidh.
An Eilean an Fhraoich bi daoine 'fuireach gu bràth.
Eilean mo ghaoil, is caomh leam eilean mo ghràidh.

Roughly translated, this means:

My dear island, I love my beloved island.
My dear island, I love my beloved island.
On the island of heather people will live for ever.
My dear island, I love my beloved island.

Noun cases

Quite often throughout the book we have referred to a noun as being in either the dative case or the genitive case. What causes these changes?

The dative case is straightforward. It is the form a noun takes after a simple preposition – i.e.: **aig**, **air**, **do**, **le**, **gu**, etc.

Example: **am balach** = the boy
aig a' bhalach = at the boy
aig na balaich = at the boys

a' bhròg = the shoe
air a' bhroig = on the shoe
air na brògan = on the shoes

The genitive case occurs in the following types of situations:

1 When one noun is 'owned' by another – i.e., possession.

Example: the boy's foot   **cas a' bhalaich**
the shopkeeper   **fear na bùtha** (*lit.* the man of the shop)
James' shop   **bùth Sheumais**

2 When a noun follows a compound preposition:

Example: for the boy   **airson a' bhalaich**
in front of the house   **air beulaibh an taighe**

and also after the prepositions **chun** 'to', and **timcheall** 'around', etc.

3 When a noun follows the infinitive form of a verb:

Example:
to hit the ball   **a bhualadh a' bhàlla**
to buy the bread   **a cheannach an arain**

4 When a noun follows a verbal noun:

Example:
closing the door   **a' dùnadh an dorais**
washing the dog   **a' nighe a' choin**

These examples tell you why the changes occur. Look out for similar constructions in the dialogues and reading passages. You will soon learn to recognise them and to use them yourself.

More detailed information can be found in the Grammar Supplement at the end of the book.

Reading 9 ▭▭

Leughadh

Halò. Is mise Coinneach Iain Greum. 'Sann à Seattle a tha mi, ach 'sann à Leòdhas a tha mo phàrantan. Rugadh mise anns na Stàitean Aonaichte ach tha Gàidhlig gu leòr agam. B'e Gàidhlig a bhiodh sinn a' bruidhinn aig an taigh nuair a bha mi òg. Tha fios agam air tòrr mu dheidhinn Leòdhas. Chuala mi mu dheidhinn Clachan Chalanais (no na Tursachan) agus am Broch nuair a bha mi glè òg. Bhiodh iad a' bruidhinn mu dheidhinn Steòrnabhagh agus an Caisteal. Tha fios agam mu dheidhinn nan croitean agus an iasgaich agus an Clò Hearach a bhios iad a' fighe air na beairtean. Ma tha sibh airson a dhol ann feumaidh sibh a dhol gu Ullabul agus aiseag a ghabhail gu Steòrnabhagh. Tha mi a' smaoineachadh gu bheil sin uabhasach math. Cuideachd, tha plèan a' dol à Inbhir Nis gu Steòrnabhagh dà uair a h-uile latha.

Vocabulary

rugadh mi	I was born
Stàitean Aonaichte	United States
chuala mi	I heard
Clò Hearach (m.)	Harris Tweed
beairt (f.)	a loom
aiseag (f.)	a ferry
plèan (m.)	a plane

10 Dè a chuireas mi orm?

What will I wear?

In this lesson you will learn:

- how to make suggestions
- how to use negative imperatives
- how to use demonstratives
- how to say that you think something
- more practice with adjectives
- how to discuss prices

Dialogue 1

Cuireadh gu partaidh

An invitation to a party

Mr and Mrs MacDonald have been invited to a party in the home of one of their neighbours.

MRS MACDONALD: A bheil cuimhn' agad? Feumaidh sinn a dhol gu taigh Mrs Stiùbhart an ath-oidhch'. Dè a chuireas mi orm?

MR MACDONALD: Dè mu dheidhinn do dhreasa phinc?

MRS MACDONALD: Cha robh sin orm o chionn dà bhliadhna. Cha teid i orm a-nis. Tha mi ro thiugh.

MR MACDONALD: Dè mu dheidhinn do thrusgan glas? Tha sin snog ort.

MRS MACDONALD: 'Sann a tha sin airson m' obair anns an oifis, chan ann airson partaidh.

MR MACDONALD: Uill, chan eil fhios agamsa. Dè mu dheidhinn do bhlobhsa brèagha geal agus do sgiorta thartain?

MRS MACDONALD:	Tha an sgiorta ceart gu leòr ach dhòirt mi fìon dearg air a' bhlobhs' aig a' bhanais. Feumaidh mi rudeigin a cheannach!
MR MACDONALD:	Nach eil aodach gu leòr agad, a bhoireannaich?
MRS MACDONALD:	Tha, a ghràidh, ach chan eil càil agam a chuireas mi orm an ath-oidhch'. Tha Mrs Stiùbhart cho spaideil agus cha robh sinn aig partaidh san taigh aice a-riamh roimhe seo.
MR MACDONALD:	Feuch nach caith thu cus airgid, co-dhiù. Na tèid faisg air a' bhùth dhaor ud air Sràid an Rìgh no cha bhi airgead-peatroil agam airson an ath-oidhch'.

Vocabulary

cuireadh (m.)	an invitation	**rudeigin**	something
an ath-oidhch'	tomorrow night	**a cheannach**	to buy
a chuireas	will put	**aodach** (m.)	clothes
o chionn	since	**boireannach** (m.)	a woman
Cha tèid i.	It will not go.	**càil**	anything
ro	too	**spaideil**	posh, grand
tiugh	fat	**roimhe seo**	before this
trusgan (m.)	a suit	**caith**	to spend
obair (f.)	work	**cus** (m.)	too much
an oifis (f.)	the office	**airgead** (m.)	money
blobhsa (m.)	a blouse	**na tèid**	don't go
sgiorta (f.)	a skirt	**rìgh** (m.)	a king
tartain	tartan	**Sràid an Rìgh**	King Street
dòirt	to spill	**peatroil** (m.)	petrol
a' bhanais (f.)	the wedding		

Language points

The title of the lesson, **Dè a chuireas mi orm?**, means literally 'What will I put on me?'. There is no exact equivalent of the English verb 'to wear', and Gaelic speakers either use the word for 'put' in this context, or talk about what is 'on'. So, for example, you have:

Dè tha ort an sin?	What's that you're wearing?
Cuir ort do chòta.	Put on your coat.
A bheil thu 'dol a chur ort ad?	Are you going to wear a hat?

We have kept the English titles 'Mr' and 'Mrs' in the dialogue because translating them into Gaelic is a little complicated. The word **Maighstir** (abbreviated to **Mgr**) is frequently used for 'Mr'. There is no exact equivalent of the English title 'Mrs', but it may be rendered as **a' Bhean Phòsda** (**bean** meaning 'wife' and **pòsda** meaning 'married'), abbreviated to **a' Bh.Ph.** An alternative form is **a' Bhanamhaighstir** (**bean** for 'wife' and **maighstir** for 'master'), abbreviated to **a' BhMhgr.** For surnames beginning with **Mac** it is perhaps easier to say, for example, **Bean MhicLeòid.** The word for 'Miss' **Maighdean** ('a maiden') is seldom used.

An ath-oidhch means 'tomorrow night'. Without the hyphen it means 'the next night'.

Cha tèid i 'it will not go' is the negative future of **a' dol**.

O chionn dà bhliadhna means 'since two years ago', or 'for the last two years'.

If you want to specify the particular point of time 'two years ago', the construction is **o chionn dà bhliadhna air ais.**

> *Example*: **Chunnaic mi iad o chionn dà bhliadhna air ais.**
> I saw them two years ago.

A bhoireannaich is the vocative case for the word 'woman'! Both 'man' and 'woman' are used in the address forms in Gaelic more frequently than in English. And did you notice from the vocabulary list that **boireannach** is a masculine word? We are not able to offer an explanation for this!

Na tèid faisg air a' bhùth dhaor ud air Sràid an Rìgh 'don't go near that expensive shop in King Street!', says Mr MacDonald to his wife. Imperatives can be turned into negatives 'don't!' by using this small word **na**. Some other examples are:

Na caidil.	Don't sleep.
Na tuit.	Don't fall.
Na gluais.	Don't move.
Na bi gòrach.	Don't be silly.
Na dèan sin.	Don't do that.

Cus airgid means 'too much money'. **Airgead** is in the genitive case following the word **cus**.

Exercise 1 ▮▮

Look at the list of 'clothing' words below. If you have access to the tape, listen to how the words are pronounced. When you feel comfortable with them, try to complete the crossword.

ad (f.)	hat
beannag (f.)	headscarf
blobhsa (m.)	blouse
briogais (f.)	trousers
bròg (f.)	shoe
còta (m.)	coat
deise (f.)	suit
dreasa (f.)	dress
feileadh (m.)	kilt
fo-aodach (m.)	underwear
geansaidh (m.)	sweater, jumper
gùn-oidhche (m.)	nightgown
lèine (f.)	shirt
drathais (f.)	underpants (drawers)
miotagan (f.pl.)	gloves
neapraig (m.)	handkerchief
putan (m.)	button
seacaid (f.)	jacket
sgarfa (f.)	scarf
sgiorta (f.)	skirt
stocainn (f.)	sock, stocking
taidh (f.)	tie

Clues:

1 something to wear on your foot
2 something to wear over everything else
3 a woman's garment
4 something that might be worn to bed
5 something to wear under number 1
6 a garment to keep your upper half warm
7 the smallest item on the list
8 keep hands warm with these
9 something to go on the very top

10 a small square, usually cotton
11 something often associated with Scotland
12 a head covering
13 worn for formal occasions
14 worn with a tie
15 a lighter alternative to a coat
16 these keep your legs warm

Dialogue 2

An dreas' ùr

The new dress

Mairi and Catherine take Mrs MacDonald shopping for a new dress.
They seem to be in the expensive shop!

MAIRI: Dè an dath as fheàrr leibh?
MRS MACDONALD: Chan eil cus diofair leam ach cha toigh leam
                 aodach dubh.

CATRIONA:	Seo tè bhrèagha le spotan purpaidh is buidhe!
MRS MACDONALD:	Tha sin grànnda. Seallaibh airson rudeigin simplidh.
MAIRI:	Seo tè shnog ghorm le pleataichean.
MRS MACDONALD:	Tha i sin snog ceart gu leòr, ach tha i a' coimhead ro bheag.

She turns to the assistant . . .
A bheil i seo agaibh ann am meud 16?

NIGHEAN:	Tha mi a' smaoineachadh gu bheil. Seallaidh mi.
CATRIONA:	Mo chreach! A' phrìs! Tha i ceud not!
MRS MACDONALD:	Tha thu ceart. Tha i fada ro dhaor. Dè a chanadh d' athair?
NIGHEAN:	Seo meud 16.
MRS MACDONALD:	Gabh mo leisgeul . . .Tha mi duilich . . .Tha mi a' smaoineachadh gu bheil i ro dhaor. A bheil càil nas saoire agaibh?
NIGHEAN:	Uill, tha an tè shrianach leis a' choileir mhòr agam ann am meud 16. Agus an tè bhuidhe ud thall aig an doras. Tha iad sin leth-cheud not.
MRS MACDONALD:	Feuchaidh mi an tè leis a' choileir, tapadh leibh. (Agus feumaidh mi brògan cuideachd!)

Vocabulary

an dath (m.)	the colour	**gu bheil i**	that it is
as fheàrr leibh	that you prefer	**seallaidh**	will look
diofar (m.)	difference	**fada ro**	much too
tè	one, of a feminine noun	**a chanadh**	would say
		nighean (f.)	a girl (the shop assistant)
spot (f.)	a spot		
purpaidh	purple	**nas saoire**	cheaper
buidhe	yellow	**srianach**	striped
grànnda	ugly	**an coileir** (m.)	the collar
seallaibh (pl.)	look	**thall**	over
sìmplidh	simple	**Feumaidh mi.**	I will need/must get.
pleataichean	pleats	**brògan** (f.pl.)	shoes
a' coimhead	looks/seems	**cuideachd**	as well
am meud (f.)	the size		

Language points

When asked about her favourite colours for clothes, Mrs MacDonald replies **Chan eil cus diofair leam** 'It doesn't make too much difference to me'. This expression, or even more simply, **Chan eil diofair leam**, is a useful way of saying 'I don't really mind'.

Notice how the adjectives ('nice' and 'blue') agree with the feminine noun **tè**. **Tè shnog ghorm** is 'a nice blue one'.

Some of the words relating to clothing probably seem quite familiar, as they are borrrowings from English. **Dreasa** and **sgiorta** are two examples. There are normally two plural forms for borrowed words like these: some end in **aichean** (for example, **sgiortaichean'**), and some in **an/ean** (for example, **stocainnean'**). These plurals can be learned individually as you need them.

Dè a chanadh d' athair? means 'What would your father say?'. This form is part of the verb **can**, 'to say', and it is labelled the conditional in Gaelic, used for talking about possibilities or hypothetical situations. Check in the Grammar Supplement section for more details. The phrase **d' athair**, 'your father', is occasionally written as **t' athair**. The pronunciation is the same.

Thall aig an doras means 'over at the door'. **Thall**, usually followed by further indication of direction, is often used to indicate 'over there'.

There are two future tenses in the dialogue. They are:

Feuchaidh mi.	I will try.
Feumaidh mi brògan.	I will need shoes.

Exercise 2

The questions below ask about your preference for various things. Can you answer them in Gaelic? You can either express a preference by saying, **is fheàrr leam ...** , or say that you don't mind.

1 Dè an dath as fheàrr leat? Dearg, buidhe, no gorm?
2 Dè an deoch as fheàrr leat? Teatha no cofaidh?
3 Dè an càr as fheàrr leat? Mini no Rolls Royce?
4 Dè a' bhracaist as fheàrr leat? Lite no uighean no tost?
5 Dè am baile as fheàrr leat? Glaschù, Dùn Eideann, no Obair Dheadhain?

Exercise 3

Look carefully at the sketches below to help you answer the following questions.

1 Dè a phrìs a tha an sgiorta?
2 Dè a' phrìs a tha an sgiorta agus an dreasa?
3 Dè a' phrìs a tha a' bhriogais?
4 Dè a' phrìs a tha na miotagan?
5 Dè a' phrìs a tha an t-seacaid agus a' bhriogais?

Dialogue 3 ▣

Tha sin ro dhaor

That is too expensive

Mrs MacDonald and her friend, Mrs Fraser, go to Inverness for a day's shopping. Here they discuss prices in Marks & Spencer's.

MRS MACDONALD:	Tha aodach-leap àlainn an seo.
MRS FRASER:	Tha gu dearbh. Dè a' phrìs a tha na cuibhrigean sin?
MRS MACDONALD:	Fuirich mionaid. Tha am fear seo dà fhichead not is a deich. Tha am fear sin dà fhichead not ach sgillinn.
MRS FRASER:	Feumaidh mi fear a cheannach a dh'aithghearr. Seall air a' chuibhrig-bùird sin agus na tubhailtean. Nach iad a tha saor!
MRS MACDONALD:	Isd, a bhrònag, tha iad nas saoire ann am bùth Eachainn am Port Rìgh.
MRS FRASER:	Ma tha, fàgaidh mi iad an dràsta.
Mrs MacDonald:	Tha mi ag iarraidh rudeigin snog dha Màiri. Dè do bheachd air an scarfa thartain sin?
MRS FRASER:	Bhiodh sin glè mhath dhi.
MRS MACDONALD:	Co-dhiù, thugainn a-null gu aodach nam boireannach. Tha mi ag iarraidh seacaid gheamhraidh dhomh fhèin.
MRS FRASER:	Uill, uill. Tha airgead gu leòr agadsa! Fhuair thu dreas' ùr an latha roimhe.
MRS MACDONALD:	Thug an teaghlach airgead dhomh airson mo là-breith. Tha mi a' dol a cheannach seacaid Chlò Hearach.
MRS FRASER:	Tha iad sin cho daor ris an t-salainn.
MRS MACDONALD:	Tha mi an dòchas gu bheil 'saor-reic' ann …

Vocabulary

aodach-leap (m.)	bed linen
àlainn	beautiful
cuibhrigean (m.pl.)	covers
sgillinn (f.)	a penny
a dh'aithghearr	soon
cuibhrig-bùird (m.)	a tablecloth
tubhailtean (f.pl.)	towels
ma tha	if so
Fàgaidh mi iad.	I'll leave them.
Thugainn.	Let's go.
a-null	over to
nam boireannach	of the ladies (genitive case)
dhomh fhèin	for myself
an latha roimhe	the other day
Clò Hearach (m.)	Harris Tweed
iad sin	those ones/they
salainn (m.)	salt
'saor-reic'	a sale

Language Points

Ro, meaning 'too', you have already met. If an item is too expensive, it is **ro dhaor**, because **ro** lenites the following adjective.

Aodach are 'clothes', and **leabaidh** is 'a bed', so **aodach-leap** refers to 'bedclothes'. (**Leap** is the genitive form of **leabaidh**.) Similarly, a **cuibhrig** is 'a cover', so 'a bedcover' is a **cuibhrig-leap**. A 'cover for a table' (a tablecloth) is a **cuibhrig-bùird**.

Tubhailt 'a towel' is called a **searbhadair** in some areas.

A 'tea towel' or 'dish towel' is a **tubhailt-shoithichean** = 'a towel for dishes'.

When giving the price £39.99, Mrs MacDonald says **Tha am fear sin dà fhichead not ach sgillinn** 'That one's forty pounds except one penny'. Prices ending in 0.99 are usually given this way. Amounts and prices under a pound are usually given in English.

An idiom: **cho daor ris an t-salainn** 'as expensive as salt' is a simile used to describe something that's very expensive.

Demonstratives

We have already touched on the pronouns: **seo** 'this', **sin** 'that', and **siud** 'that over there/yonder'.

Example: **Tha seo agam.**   I have this.
         Tha sin agad.   You have that.
         Tha siud aca.   They have that over there.

When these words are being used together with nouns or pronouns the arrangement is as follows. The word **fear** (masculine person or object) is only used as an example.

Singular		*Plural*	
am fear seo	this one	**iad seo**	these ones
am fear sin	that one	**iad sin**	those ones
am fear ud	yonder one	**iad siud**	those ones yonder

Am fear seo is often written as **am fear-sa**.
   The word **feadhainn** is often used in the plural in place of **iad**. When **feadhainn** is used for 'those', the form is **an fheadhainn ud**. The meaning is just the same as **iad siud**.
   Related to these words are the adverbs of place which indicate where something is. They are simply:

an seo here   **an sin** there   **an siud** yonder, over there

Example: **Tha e an seo.**   He's here.
         Tha i an sin.   She's there.
         Tha iad an siud.   They're over there.

Exercise 4

Can you assess the sets of pictures on the next page with an appropriate adjective, and the word **ro** where necessary?
   For example:

Tha seo daor.   This is expensive.
Tha sin ro dhaor.   That is too expensive.

Reading 10 ▄▄

Leughadh

SAOR-REIC
BUTH SHEUMAIS

Fad na Seachdain

o naoi uairean madainn Diluain

gu meadhan-latha Disathairne

Dreasaichean bho shia notaichean

blobhsaichean – dà not is còig notaichean

briogaisean (b) – deich notaichean

briogaisean (f) – dà nota dheug

sgiortaichean – deich notaichean

seacaidean clò – dà fhichead not

lèintean bho sheachd notaichean

còtaichean mòra – trì fichead not ach sgillinn

còtaichean uisge – trì notaichean

brògan (b) – fichead not ach sgillinn

brògan (f) – fichead not 'sa' deich

scarfaichean, taidhean, stocainnean, fo-aodach, bonaidean

BARGANAN GU LEOR A H-UILE LATHA!

11 Dè an obair a th'agad?

What work do you do?

In this lesson you will learn:

- to tell what kind of work you do
- to say where you work
- different ways of using the preposition **ann**
- negative phrases

Dialogue 1 ▣

Teaghlach mìorbhaileach

A wonderful family

Mrs MacDonald is on the bus to Portree when she sees an old acquaintance, Helen. The two women take the opportunity to catch up with family news . . . one of them is very proud of her offspring.

EILIDH: Tha thu a' coimhead gu math, Ealasaid. Ciamar a tha an teaghlach?

EALASAID: O, tha iad gu math, tapadh leat. Tha iad a' fàs mòr cho luath. Dè mu dheidhinn an teaghlach agaibh fhèin?

EILIDH: Mìorbhaileach! Tha Alasdair ann an Oilthigh Dhùn Eideann agus bidh e a-muigh na fhear-lagha as t-samhradh. Tha Sìle na cunntasair a-nis agus tha obair mhath aice ann am banc' Amaireaganach.

EALASAID: A bheil i ann an Amaireaga?

EILIDH: O, chan eil. Tha i ann an oifis ann an Lunnainn agus tha pàigheadh mòr aice. Tha Uisdean anns a' bhliadhna mu dheireadh san àrd-sgoil. Tha esan a' dol a-steach na dhoctair.

EALASAID: Nach iad a tha a' dèanamh math!

EILIDH: Chan eil mi airson a bhith a' bòsdadh ach rinn iad glè mhath. Na dh' innis mi dhut gu bheil càr ùr àlainn aig Sìle bhon a' chompanaidh? Ach, dè tha a' chlann agad fhèin a' dèanamh?

EALASAID: Uill, tha iadsan nas òige na 'n fheadhainn agadsa. Tha Catrìona math air ceòl agus bu toigh leatha ceòl a theagasg. 'Se seinneadair math a th'innte. Tha Dòmhnall ag iarraidh a dhol na chluicheadair ball-coise. Chan eil fhios dè a nì e fhathast. Tha e math air matamataigs. Tha an dithis òg a' deanamh glè mhath 'sa' bhun-sgoil.

EILIDH: Nach eil sin snog. O, cha do chuimhnich mi – tha Alasdair a' dol a phòsadh. 'Se oileanach a th'innte. 'Se duine uabhasach beairteach a tha na h-athair. Mo chreach, seo an stad agamsa. Beannachd leat, Ealasaid. Chòrd e rium a bhith a' bruidhinn riut.

EALASAID: Mar sin leat, Eilidh. Mar sin leat. (Chan eil mi airson a bhith a' bòsdadh!)

Vocabulary

a' fàs	growing	**Na dh'innis mi?**	Did I tell?
cho luath	so quickly	**àlainn**	lovely
Dè mu dheidhinn?	What about?	**companaidh** (m.)	company
oilthigh (f.)	a university	**ceòl** (m.)	music
a-mach	out, graduating	**teagasg**	to teach
fear-lagha (m.)	a lawyer	**seinneadair** (m.)	a singer
Sìle	Sheila	**cluicheadair** (m.)	a player
cunntasair (m.)	an accountant	**ball-coise** (m.)	football
banca (m.)	a bank	**matamataigs** (f.)	mathematics
Lunnainn	London	**bun-sgoil** (f.)	a primary school
pàigheadh (m.)	salary, pay	**pòsadh**	to marry
Uisdean	Hugh	**oileanach** (m.f.)	a student
mu dheireadh	the last	**beairteach**	wealthy
àrd-sgoil (f.)	a high school	**an stad** (m.)	the stop
bòsdadh	to boast	**Chòrd e rium.**	I enjoyed it.

Language points

A' fàs mòr means 'growing big'. The verb **a' fàs** is used to mean both 'growing out of the ground', like a plant, for example, and 'getting'/'becoming', used with an adjective (as in English). So, for example, you might hear:

Tha a' chraobh a' fàs anns an leas.
The tree is growing in the garden.

Tha mi a' fàs sgìth. I'm getting tired.

Tha iad a' fàs mòr. They're growing up (growing big).

ann an Oilthigh Dhùn Eideann
in the University of Edinburgh

anns an Oilthigh in (the) University

Note: to avoid any confusion between **ann an** and **anns an** remember the following:

ann an = in a e.g. **ann an taigh** = in a house
anns an = in the e.g. **anns an taigh** = in the house

However, if you are dealing with a noun phrase in which the second noun is in the genitive case, then you have to revert to the **ann an** construction.

Example:

ann an Oilthigh Dhùn Eideann in the University of Edinburgh
ann am baile Steòrnabhaigh in the town of Stornoway
ann an taigh mo sheanar in my grandfather's house

Ann an, **ann am**, and **anns an** can be shortened to give **an**, **am**, and **san**, so the two examples from the dialogue could be written as **an Oilthigh Dhùn Eideann** and **san Oilthigh**.

Did you notice the structure of the sentence, **'Se duine beairteach a tha na h-athair**? It means literally, 'It is a wealthy man that is in her father', or in other words, 'Her father is a wealthy man'.

A-muigh na fhear-lagha means literally 'He will be out as a lawyer' – in other words 'He will graduate as a lawyer'. The beginning of the study process is described as going **in** – (not unlike the English 'going in for architecture' for example), as when Eilidh says her son is **A'dol a-steach na dhoctair** – 'He is going *in* to be a doctor'. (Note: in some areas the word **doctair** is pronounced **dotair**, and written accordingly.)

These expressions, as well as other examples such as:

Tha i na cunntasair. She is an accountant.
Tha e a' dol na chluicheadair. He's going to be a (football) player.

are based on the preposition **ann** 'in' together with the possessive pronouns **mo**, **do**, etc.

Here is the whole set of these:

nam	(**ann** + **mo**)	in my	**nar**	(**ann** + **ar**)	in our
nad	(**ann** + **do**)	in your	**nur**	(**ann** + **bhur**)	in your
na	(**ann** + **a**)	in his	**nan/nam**	(**ann** + **an/am**)	in their
na/na h-	(**ann** + **a**)	in her			

Lenition

Remember that some possessive pronouns lenite their nouns. The above constructions also follow that pattern. So, using the noun **croitear** 'crofter', for example, we have:

Tha mi nam chroitear.	I'm a crofter.
Tha sinn nar croitearan.	We're crofters.
Tha thu nad chroitear.	You're a crofter.
Tha sibh nur croitearan.	You're crofters.
Tha e na chroitear.	He's a crofter.
Tha iad nan croitearan.	They're crofters.
Tha i na croitear.	She's a crofter.

Notice that the noun following **na** is lenited when referring to a man, but not a woman, so:

He is a teacher. = **Tha e na thidsear.**

She is a teacher. = **Tha i na tidsear.**

The same forms are also used idiomatically in everyday phrases like the following:

Tha mi nam aonar.	I'm alone.
Tha i na h-aonar.	She is alone.
Tha mi nam chadal.	I'm asleep.
Tha e na èiginn.	He's in distress.
Tha thu nad amadan.	You're a fool.
Tha iad nam fallas.	They are sweating.

Exercise 1

What might you say in the following situations?

1 You're toiling in the garden on a hot summer's day.
2 You realise you've thrown away a winning lottery ticket.
3 Someone asks for your spouse, who is taking a nap.
4 Wanting to speak confidentially to a friend on the phone, you wonder if anyone could overhear him.
5 Your friend is greatly upset by the theft of her beloved pedigree poodle.

Prepositional pronoun with *ann*

There is another common way of stating one's trade or profession, and that is to use the prepositional pronoun derived from the word **ann**. We had two examples of this in the dialogue:

'Se seinneadair math a th' *innte*.   She is a good singer.

and

'Se oileanach a th'*innte*.   She is a university student.

The structure of the sentence is a little like: **'Se duine beairteach a tha na h-athair**. The profession or identity comes at the beginning of the sentence, rather than at the end, as it would in English.

Here is the whole set of prepositional pronouns with **ann**:

annam	in me	**annainn**	in us
annad	in you	**annaibh**	in you
ann	in him	**annta**	in them
innte	in her		

Occupations

To ask someone what work they do you say **Dè an obair a th' agaibh?**

To ask someone what their profession is you say **Dè an dreuchd a th'agaibh?**

We have already come across some occupations. Here are some more:

saighdear	a soldier	**post**	a postman
nursa	a nurse	**tidsear**	a teacher
croitear	a crofter	**draibhear**	a driver
ministear	a minister	**iasgair**	a fisherman
saor	a joiner	**sagart**	a priest
poileas	a policeman	**peantair**	an artist
innleadair	an engineer	**proifeasair**	a professor
cleireach	a clerk	**sgrìobhaiche**	a writer
gun obair	unemployed	**bean-taighe**	a housewife

If you want to say you are retired, the expression is: **Tha mi air m'obair a leigeil seachad** or **Tha mi air mo dhreuchd a leigeil seachad**.

Exercise 2

Can you give an appropriate sentence to describe the occupations of the people in the pictures below and overleaf? When you finish with those, how about your own occupation, and those of others who are close to you?

4

5

Exercise 3

Match the appropriate word to the occupation. Use the glossary if any of the words are unfamiliar:

plumair	doctair	cuibhle	pìoban
fear-lagha	croitear	caoraich	slat
iasgair	saighdear	eaglais	gunna
post	proifeasair	dealbh	leabhar
sgrìobhaiche	ministear	cùirt	ospadal
dràibhear	peantair	oilthigh	
saor	sàbh	litir	

Dialogue 2 🔲

Farmad

Envy

Mrs MacDonald gets home and tells her husband about Eilidh.

Mrs MacDonald: Choinnich mi ri Eilidh Bhàn air a' bhus.

Mr MacDonald: Mo chreach! Chan fhaca sinn i o chionn fhada. Dè bha i ag radh?

Mrs MacDonald: Dè bha i ag radh! Cha chuala tu a leithid a-riamh.

Mr MacDonald: Dè bha aice an-diugh?

Mrs MacDonald:	An teaghlach – 'se fear-lagha a th'ann an Alasdair is tha e a' dol a phòsadh tè bheairteach.
Mr MacDonald:	Chan eil e cho beairteach riumsa!
Mrs MacDonald:	Nach isd thu! Tha an teaghlach aca a' dèanamh cho math. Tha Sìle ag obair na cunntasair ann am banca mòr an Lunnainn ... agus 'se innleadair a th'anns an duine aic'. 'Se doctair a bhios ann an Uisdean.
Mrs MacDonald:	Tha mi coma! 'Se tidsear a th'annamsa, tha thu fhèin nad chleireach, agus 'se bean-taighe a th'ann an Eilidh Bhàn. Na biodh farmad agad rithe idir.
Mrs MacDonald:	Nach tu a tha glic, a ghràidh!

Vocabulary

coinnich	to meet
o chionn fhad	for a long time (*lit.* 'since a long time')
ag radh	saying
chuala	past tense of **cluinn** to hear
a leithid	the like, anything like it
a-riamh	ever
Isd!	Be quiet!
Tha mi coma!	I don't care!
bean-taighe	a housewife
glic	wise

Language points

Choinnich is the past tense of **coinnich**, 'to meet'.

Cha chuala tu a leithid a-riamh! would be translated as 'You've never heard the like/anything like it!'.

Nach isd thu is literally 'Won't you be quiet'. It is often used to express your disagreement with somebody in an informal conversation, in the way an English speaker might say 'nonsense!'.

Tha mi coma is a useful expression often translated as 'I couldn't care less'. The related expression **coma leat** means 'never mind' – often in the sense of 'mind your own business!'.

Na biodh farmad agad rithe idir means 'Don't envy her in the least'. 'To be envious' is another of the expressions that Gaelic conveys with the prepositional pronouns based on **aig**. Did you notice the two prepositional pronouns coming together in this construction? You have **farmad ri** someone. For example 'They envy me' would be **Tha farmad aca rium**.

Nach tu a tha glic means 'Aren't you sensible' – Gaelic speakers often use a question form as an exclamation. 'Isn't it you who are sensible?'

Dialogue 3 ▣

Obair ùr

A new job

Donald is starting a part-time job at the local hamburger shop. Today is his first day, and he's finding out exactly what he needs to do.

FEAR NA BUTHA: A-nis, a Dhòmhnaill. An toiseach feumaidh tu an ad shrianach seo a chur ort, agus an t-aparan dearg seo. Sin thu.

DOMHNALL: Nach eil an ad ro mhòr Chan eil mi a' faicinn ceart.

FEAR NA BUTHA: Tha i math dhut. Tha i a' tighinn dhut! An ath rud – feumaidh tu an t-àite a chumail glan. Nuair a bhios na daoine deiseil tog an trealaich air falbh agus suath am bòrd. Ceart?

DOMHNALL: Carson nach tog iad fhèin an trealaich?

FEAR NA BUTHA: Togaidh feadhainn i, ach cha tog a h-uile duine. Co-dhiù, feumaidh tusa am bòrd a ghlanadh le clùd is an stuth uaine seo. Seo an sguab – sguab an làr ma bhios càil air tuiteam air.

DOMHNALL: Ceart, ma-tha.

FEAR NA BUTHA: Agus seo dhut 'mop'. Feumaidh tu an làr a nighe a h-uile h-oidhch' – agus uair sam bith a bhios e salach.

DOMHNALL: Dè tuilleadh?

FEAR NA BUTHA: Feuch gum bi thu a' coimhead glan is sgiobalta ... agus ... geàrr d'fhalt! Ann an seachdain no dhà faodaidh tu tòiseachadh a' reic.

DOMHNALL: Agus am faod mi 'burgers' shaor fhaighinn?

FEAR NA BUTHA: Tha mi duilich, a bhalaich. Tha thu a' faighinn
ad is aparan an asgaidh, nach eil? Glè mhath.
Chì mi thu Disathairne.

DOMHNALL: Mòran taing!

Vocabulary

an toiseach	first	**suath**	to wipe
Feumaidh tu.	You must.	**iad fhèin**	they themselves
an ad (f.)	the hat	**togaidh**	will lift
srianach	striped	**feadhainn**	some
an t-aparan (m.)	the apron	**clùd** (m.)	a cloth
Sin thu.	There you are/	**stuth** (m.)	stuff
	There you go.	**sguabadh**	to sweep
Tha i a'	It suits you	**sguab** (f.)	a brush
tighinn dhut.	(it is becoming	**an làr** (m.)	the floor
	to you).	**tuit**	to fall
an ath rud	the next thing	**nighe**	to wash
an t-àite (m.)	the place	**salach**	dirty
a chumail	to keep	**tuilleadh**	more
glan	clean	**sgiobalta**	tidy
na daoine	the people	**geàrr**	cut
deiseil	finished	**Faodaidh tu.**	You can.
tog	lift	**tòiseachadh**	to begin
an trealaich (f.)	the rubbish	**a' reic**	selling
air falbh	away	**an asgaidh**	free

Language points

Notice verb forms ending in a vowel sound are followed by **tu**, not
thu.

Feumaidh tu ... You must ...
Faodaidh tu ... You may ...

If you are asking permission to do something, a useful phrase is
Am faod mi? meaning 'May I ...?'/'Can I ... ?'.

Notice that masculine nouns beginning with a vowel need to have
the **an t-** form of the article. Two examples are:

an t-àite the place
an t-aparan the apron

If you would like to compliment someone on their clothing, hair-style, etc., **tha i/e a' tighinn dhut** is a very useful expression – the equivalent of 'it suits you'.

Ceart can be used in both question and answer form, in the same sense as 'OK'. Inevitably, you will hear 'OK' used as well.

Sguab an làr ma bhios càil air tuiteam air means 'Sweep the floor if anything's fallen on it'. **Air tuiteam** is equivalent to 'to have fallen'.

Tog an trealaich air falbh means 'lift away/clear away the rubbish'.

Togaidh feadhainn i, ach cha tog a h-uile duine = 'Some people will lift it up (clear it away) but not everybody will'.

Exercise 4

Feumaidh tu . . .	You must . . .
Am faod mi . . .?	May!/ can! . . .?
Chan fhaod mi . . .	I'm not allowed to . . .

Keep in mind that the object comes before the verb in these constructions – e.g. Donald asked **Am faod mi 'burgers' shaor fhaighinn?**

Can you reorder the words in the sentences below so that they make sense? They all relate to the kinds of things that parents and older children tend to discuss. In the first five, the speaker is asking for permission to do something. In the last five, the speaker is instructing somebody to do something.

1 an / mi / am faod / fhaighinn / càr
2 airgead /am / fhaighinn / faod / mi
3 a dhol / Rob / faod / gu / partaidh / mi / am
4 mi / gu / a-muigh / faod / uair / am / dheug / fuireach / dà
5 a chleachdadh / am / a'/ faod / fòn / mi
6 feumaidh / rùm / a / tu / ghlanadh / do
7 tu / sgoile / a / d' obair / dhèanamh / feumaidh
8 d' fhalt / tu / feumaidh / ghearradh / a
9 nighe / na /feumaidh / soithichean / tu / a
10 feumaidh / ur / sibh / ithe / biadh

Reading 11 🔅

Teaghlach Mòr

Tha Ealasaid ag radh:

'Bha teaghlach mòr aig Murchadh, bràthair m' athar . . . bha triùir
bhalach agus còignear nighean aca. 'Se Mòrag a b'aosda dhen
teaghlach. Bha ise na còcaire ann an taigh-òsda an Glaschù airson
deich bliadhna. An dèidh sin phòs i fear à Uibhist agus chaidh iad
a dh'fhuireach a Pheairt, far an robh e na phost. Tha e air sguir a
dh' obair a-nis.

'Dh' fhalbh na balaich a bu shine a dh' Amaireaga. Tha iad pòsda
an sin. Tha Calum na mhaighstir-sgoile agus tha Ruaraidh ag obair
ann am banca. Chan fhaca mi iad o chionn fhada.

'Tha Iain, am mac as òige, a' fuireach ann an Leòdhas. Tha esan
na mhinistear ann an Eaglais na h-Alba. 'Se duine math a th'ann.

Dh' fhalbh Mairead a Chanada agus tha i pòsda aig tuathanach
mòr. Tha iadsan uabhasach beairteach.

''Se Flòraidh a chaidh a dh' Astràilia. Tha ise pòsd' aig Dòmhnall
MacLeòid. Tha dithis nighean agus balach aca. 'Sann leothasan a
tha Màiri a tha air chuairt san eilean an dràsta. Tha i cho snog 's
cho dòigheil. Is toigh leatha an t-Eilean Sgitheanach. Tha Sìne is
Ceit gun phòsadh, fhathast co-dhiù, agus tha an dithis aca nan
nursaichean anns an ospadal am Port Rìgh.'

12 Cur-seachadan

Pastimes

In this lesson you will have:

- more practice with the verb 'to be'
- descriptions of habitual actions
- plural forms of nouns
- more use of emphatic pronouns
- prepositional pronouns using **à**

Dialogue 1

Latha fliuch

A wet day

It's a very wet day and the MacDonald family has stayed indoors. They discuss hobbies and pastimes.

CATRIONA: Nach i tha fliuch an diugh! Chan fhaic mi na beanntan leis an uisge. Dè a nì sinn co-dhiù?

MAIRI: Dè is àbhaist dhuibh a bhith a' dèanamh air latha mar seo?

CATRIONA: O, bidh na balaich a' cluich leis a' choimpiutair – chan fhaigh mise faisg air. Is toigh leothsan gèamanan-coimpiutair.

IAIN: Chan eil sin ceart, a Chatrìona, bidh sinn a' dèanamh rudan eile cuideachd. Bidh mi fhèin is mo charaid a' cluich air teanas-bùird san taigh aigesan. Agus, bidh sinn ag èisdeachd ri ceòl is a' cluich air a' ghiotàr.

MAIRI: Dè eile a bhios tusa a' dèanamh, Iain?

IAIN: Bidh mi a' coimhead an telebhisean agus a' leughadh. Tha trèan-ùrlair agam agus is toigh leam i. Tha mi a' cruinneachadh stampaichean cuideachd – tha leabhar mòr agam. Feumaidh mi a shealltainn dhut.

CATRIONA: Is toigh leamsa a bhith a' dol dha na bùithtean mòra an Inbhir Nis. Tha a h-uile càil cho brèagha, ach chan eil airgead gu leòr agam!

MAIRI: Am bi thu a' còcaireachd?

CATRIONA: Bidh gu dearbh. Tha mi math air cèicichean a dhèanamh, nach eil, Iain?

IAIN: O, tha! Seallaibh – tha Mamaidh a' fighe geansaidh dhomhsa.

DOMHNALL: Agus tha Dadaidh na chadal! Dè mu dheidhinn gèam Scrabble?

IAIN: Cha toigh leamsa Scrabble! Tha mise a' dol a chluich le na piseagan.

Vocabulary

Dè a nì sinn?	What will we do?
co-dhiù	anyway
is àbhaist	usually
an coimpiutair (m.)	the computer
an gèam (m.), **na gèamanan**	the game, games
an rud (m.), **na rudan**	the thing, the things
teanas-bùird	table-tennis
ag èisdeachd	listening
ceòl (m.)	music
an giotàr (m.)	the guitar
a' leughadh	reading
trèan'-ùrlair (f.)	a train set
a' cruinneachadh	collecting
stampaichean (m.)	stamps
na bùithtean (f.pl.)	the shops
a h-uile càil	everything
còcaireachd	cooking
gu dearbh	indeed
a' fighe	knitting
geansaidh (m.)	a jumper
piseagan (f.pl.)	kittens

Language points

Cur-seachad literally means 'to put past'. **Cur-seachadan**, or 'hobbies', are things that 'put the time past'.

Is àbhaist 'usually' is followed by the prepositional pronouns based on **do**, which you have already met in Lesson 3 . Mairi, for example, asks her cousins:

> **Dè is àbhaist dhuibh a bhith a' dèanamh?**
> What do you normally do?

The past form is:

> **Dè a b' àbhaist** (+ *do*) ... ?, with the answer
> **B' àbhaist** (+ *do*) ...'.

Teanas-bùird is, of course, 'table tennis'. **Bùird** is the genitive form of **bòrd** 'table'.

The phrase **trèan'-ùrlair** literally means 'a floor train'. It comes from **trèana**, 'a train', and **ùrlar**, an old word for 'floor'. (The usual word, however, is **làr**.)

Here are some plural forms to note:

beinn/beanntan	**bùth/bùithtean**; sometimes **bùthan**
gèam/gèamanan	**cèic/cèicichean**
rud/rudan	**piseag/piseagan**
stamp/stampaichean	

In Gaelic you play 'on' a musical instrument, using the preposition **air**. So, for example, you might play **air a' ghiotàr** 'the guitar', **air a' phìob** 'the pipes', **air a' phiàno** 'the piano', etc.

Exercise 1

Have a look back at the dialogue. How many borrowed words can you find?

Other indoor hobbies include:

cluiche tàileasg	playing chess	**seinn**	singing
dèanamh	embroidery	**cèilidh**	visiting
obair-ghrèis		**èisdeachd**	listening to
fuaigheal	sewing	**ris an rèidio**	the radio
dannsa	dancing	**cluiche chairtean**	card playing
sgrìobhadh	writing	**peantadh**	painting

(These are verbal nouns, i.e. nouns derived from verbs.)

Exercise 2

Can you describe what the people in the pictures below are doing?

Dialogue 2 ▥

A' cur seachad na tìde

Passing the time

There are only a few weeks left of Mairi's holiday and the family plan different activities for the remainder of her visit. What are some suggestions that are made?

CATRIONA: Tha dannsa ann an talla Phort-Rìgh Dihaoine. An tèid sinn ann, a Mhàiri?

MAIRI: O thèid. Bidh sin math. Chòrd an dannsa eile rium uabhasach math. Tha mi airson tuilleadh dhannsan ionnsachadh.

DOMHNALL: Dè mu dheidhinn a dhol a dh' iasgach? Bheir sinn an eathar bheag a-mach air an loch. An còrdadh sin riut?

MAIRI: Chòrdadh gu dearbh. Ach dè mu dheidhinn cur-na-mara?

CATRIONA: Thèid sinn ann air latha math is bidh sinn ceart gu leòr.

MAIRI: Am bi gèam iomain ann an t-seachdain-sa?

DOMHNALL: Bithidh. Tha mis' a' cluich Dimàirt. Feumaidh tu a thighinn.

IAIN: Tha gèam ball-coise agamsa a-màireach. Feumaidh tu a bhith ann.

CATRIONA: Dè mu dheidhinn snàmh? A bheil thu ag iarraidh sin?

MAIRI: Chan eil. Tha e ro fhuar. Gheibh mi snàmh gu leòr aig an taigh. Ach thèid mi chun nan geamanan.

CATRIONA: Tha fadachd orm gun tèid sinn a Dhùn-Eideann. Bidh seachdain mhòr againn.

IAIN: O bhalaich!

Vocabulary

talla (f.)	a hall	**chun**	to (followed by a
iasgach	fishing		genitive)
an eathar (f.)	the boat	**fadachd** (m.)	longing
cur-na-mara (m.)	seasickness	**seachdain mhòr**	a great week
iomain (f.)	shinty		(a 'big' week)
snàmh (m.)	swimming		

Language points

Just as in English, the present tense is sometimes used to describe arrangements for the future. For example:

Tha dannsa ann an talla Phort-Rìgh Dihaoine.
There's a dance in the Portree hall on Friday.

Tha gèam ball-coise agamsa a-màireach.
I've got a football game tomorrow.

An còrdadh sin riut? means 'Would that please you?'. If you want to answer 'yes', the reply is **Chòrdadh** 'Yes, it would (please me)'. Alternatively, **Cha chòrdadh** 'No, it wouldn't'.

Cur-na-mara is 'seasickness'. **Mara** is the genitive form of **muir** 'the sea'.

Bithidh is the emphatic form of the future 'there will be'.

Catherine says **Tha fadachd orm gun tèid sinn a Dhùn-Eideann!** 'I'm longing to go to Edinburgh'/'I can't wait to go to Edinburgh'.

Tha fadachd orm means 'I'm longing for'. In Gaelic, **fadachd** is 'on you', like **an cadal** 'sleep', **an t-acras** 'hunger' and **am pathadh** 'thirst'. If you are unfortunate enough to be seasick, then **cur-na-mara** will also be 'on you' (using the prepositional pronouns based on **air**).

Some other outdoor activities include:

sgitheadh	ski-ing	**coiseachd**	walking
ruith	running	**sreap**	climbing
gàradaireachd	gardening	**baidhsagalachd**	cycling
campachadh	camping		

'Golf' is simply **golf**, so 'a game of golf' is **gèama golf**.

Some other expressions you might find useful for talking about sports and hobbies are:

An aithne dhut snàmh?	Can you swim?
's aithne/chan aithne	yes/no
Cha do dh'fheuch mi riamh e.	I've never tried it.
Chan eil mo ro mhath air sreap.	I'm not very good at climbing.
Tha mi ga ionnsachadh.	I'm learning it.

Exercise 3

Take a look at the list of activities in the box below. Can you put them in order, numbering them from 1 to 10, according to how much they appeal to you?

iasgach	peantadh	fuaigheal	dannsa
iomain	ruith	campachadh	gàradaireachd
snàmh	sgitheadh		

Exercise 4

What do you normally do?
    Can you choose four activities which you often do, and express them in sentences with the phrase **is àbhaist**?
    For example:

Is àbhaist dhomh a bhith a' dannsa.
I normally dance/go dancing.

Is àbhaist dhomh a bhith ag èisdeachd ris an rèidio.
I normally listen to the radio.

Then think about things you used to do in the past, possibly as a child, teenager or younger person. Make four sentences saying what you used to do.
    For example:

B'àbhaist dhomh a bhith a' cluiche tàileasg.
I used to play chess.

B'àbhaist dhomh a bhith a' ruith.
I used to run/go running.

Dialogue 3 ▭▭

Dè a bhios tu-fhèin a' dèanamh?

What do you do?

Ann wants to know what pastimes Mairi has.

ANNA: A Mhàiri, dè a bhios tu-fhèin a' dèanamh air latha
           fliuch?

MAIRI:	O, na h-aon rudan ruibh fhèin. Bidh sinn a' coimhead phrograman is bhideos air an telebhisean agus is dòcha gun tèid sinn a-mach dhan taigh-dhealbh, no dhan taigh-cluich, no gu taigh-bidh snog.
DOMHNALL:	Anna, cuimhnich gu bheil leannan aig Màiri. Chan innis i a h-uile rud dhutsa. Tha thusa ro bheag!
CATRIONA:	Sguir a tharraing aisde, a Dhòmhnaill.
DOMHNALL:	Chan eil mi a' tarraing aisde. Co-dhiù, bha sibhse a' tarraing asamsa an dè.
ANNA:	Innis dhomh dè a bhios tu a' dèanamh leis an t-sìde mhath.
MAIRI:	Leis an t-sìde mhath bidh mi a' dol a shnàmh. Is toigh leam a bhith air an tràigh. Bidh mi cuideachd a' cluiche teanas aig deireadh na seachdain. Bidh gèam mòr eadar-nàiseanta ann uaireannan agus bidh mi a' dol ga fhaicinn.
ANNA:	Nach math dhut! Is toigh leamsa teanas. Bidh mi ga choimhead air an telebhisean cuideachd.
MAIRI:	Nach tig thu còmhla rium airson saor-làithean nuair a theid mi dhachaigh? Dè mu dheidhinn?
ANNA:	O, a Mhàiri! Thig gu deimhinn! A Dhòmhnaill, tha mis' a'dol a dh' Astràilia is chan eil thusa. Seo dhut!
DOMHNALL:	Chì sinn dè a chanas mamaidh is dadaidh!

Vocabulary

is dòcha	perhaps	**an tràigh** (f.)	the beach
thèid	will go	**thig**	will come
an taigh-dhealbh (m.)	the cinema	**gu deimhinn**	certainly
an taigh-cluich (m.)	the theatre	**is chan eil thusa**	and you aren't
an taigh-bidh (m.)	the restaurant	**dè a chanas ...**	what will ... say
innis	to tell	**Seo dhut!**	That's for you!
tarraing à	to tease		

Language points

In the phrase **na h-aon rudan** 'the same things', the letter **h** is inserted before **aon** to make the phrase easier to pronounce.

Programan is bhideos air an telebhisean would probably be transparent even to someone with no Gaelic at all!

Is dòcha gun tèid sinn means literally 'Perhaps (that) we will go'. Verbs in the future form are also used, however, to express habits and routines in the present. So **thèid** in this context is more like the English 'we might go'/'we could go'.

Chan innis i a h-uile rud dhutsa means 'She won't tell *you* everything!'. **Dhutsa** is the emphatic form of **dhut** 'to you'. You will see more forms of this verb **innis** below.

Leis an t-sìde mhath = 'with the good weather'/'when the weather is good'.

There are two very useful expressions in this dialogue constructed around the preposition **do**. They are:

Nach math dhut! 'lucky you!' (*lit.* 'isn't it good for you!'). **Seo dhut!** means literally 'that's for you!'. It is the kind of phrase used to clinch an argument or express triumph. Perhaps a challenging 'there, you see?' or 'so there!' is the best English translation.

---

*The verb **innis** – 'to tell'*

present tense:	**Tha mi**, etc. **ag innse.**	I am telling.
past tense:	**Dh'innis mi**, etc.	I told.
the past interrogative:	**Na dh'innis mi**, etc?	Did I tell?
the negative past:	**Cha do dh'innis mi**, etc.	I didn't tell.
the negative past question:	**Nach do dh'innis mi**, etc?	Didn't I tell?
the future:	**Bidh mi ag innse/**	
	innsidh mi, etc.	I will tell.
the future question:	**An innis mi**, etc?	Will I tell?
the negative future:	**Chan innis mi.**	I won't tell.
the future negative question:	**Nach innis mi**, etc?	Won't I tell?

Exercise 5

What would you say to translate the underlined parts in the sentences below?

a No, I didn't say anything, I promise! <u>I didn't tell!</u>
b Oh, Colin's pretty discreet. <u>He won't tell.</u>
c <u>Did I tell you?</u> I saw Penelope at the cinema with her new boyfriend!
d Yes, I've heard the story before – <u>you told me</u> a few times, actually.

e <u>Oh, didn't I tell you?</u> Yes, I leave for Canada tomorrow.
f Are you sure you should say anything to Jean? <u>Won't she tell everybody?</u>
g <u>Will I tell him</u> he's got the job, then?

In the dialogue above, Donald innocently says, **Chan eil mi a' tarraing aisde** 'I'm not teasing her'. The expression **a' tarraing à/às** literally means 'drawing out', 'drawing from', so **a' tarraing aisde** means 'drawing her out', 'teasing her'. You can also say **a' tarraing a coise**, i.e. 'pulling her leg', (**coise** being the genitive of **cas**).

The prepositional pronouns from **à** are as follows:

asam	(à + **mi**)	out of me	**asainn**	(à + **sinn**)	out of us
asad	(à + **thu**)	out of you	**asaibh**	(à + **sibh**)	out of you
às	(à + **e**)	out of him	**asda**	(à + **iad**)	out of them
aisde	(à + **i**)	out of her			

To say 'I'm only teasing/kidding you', say **Chan eil mi ach a' tarraing asad**.

Reading 12

Leughadh

Chaidh mi a chèilidh air mo charaid Ruaraidh a-raoir. Bha triùir charaidean eile a-staigh aige cuideachd – Murchadh Ruadh, Donnchadh Beag agus Calum, an saor. Bha sinn a' bruidhinn air làithean ar n-òige nuair a bhiodh sinn a' sreap nam beanntan. Aon latha, thuit Calum agus bhris e a chas. Bhiodh sinn cuideachd a' dol a-mach a dh'iasgach air an loch air taobh thall an eilein. Abair spors! Ach aon latha bha sinn air an loch agus thàinig stoirm mhòr. Bha e uabhasach fiadhaich is fliuch. Cha robh againn ach bàta beag agus ghabh sinn eagal. Co-dhiù, an deidh ùine mhòir ràinig sinn tìr, ach cha deach sinn air ais a dh'iasgach air an loch ud tuilleadh. Nach sinn a ghabh an t-eagal!

Tha sinn a-nis a' fàs aosd'. Is toigh leamsa a bhith ag obair anns an leas, is toigh le Murchadh a bhith a' falbh le baidhsagal, bidh Donnchadh a' leughadh tòrr leabhraichean, agus tha Calum trang ag obair timcheall na h-eaglaise.

Vocabulary

thuit	fell	**tìr**	land
abair	what . . .!, what a . . .!	**timcheall**	around
ràinig	reached, arrived		

A Gaelic proverb goes like this:

Is iomadh rud a chì am fear a bhios fada beò.
A person who has a long life sees many different things.
Changed days!

How is this true in the experience of these men?

13 Anns a' bhaile-mhòr

In the city

In this lesson you will learn:

- genitives in place names
- more imperatives
- compound nouns
- compound prepositions
- near and far

Dialogue 1

Baile-mòr Dhùn Eideann

The city of Edinburgh

The MacDonalds have driven to Edinburgh and are going to meet up with Isabel and Ken.

CATRIONA: Càit' a bheil stèisean nan trèanaichean?

DOMHNALL: Sin i, shìos an staidhre mhòir sin. Feumaidh sinn a dhol sìos nan steapaichean.

IAIN: Tha mise ag iarraidh taigh-beag! Càit' a bheil na taighean-beaga?

DOMHNALL: Tha feadhainn anns an stèisean. Gabh air do shocair!

MAIRI: Seall, a Chatrìona! Sin Coinneach agus Iseabail!

After greetings all round the young people go to do some sightseeing ...

MAIRI: Càit' a bheil Oifis a' Phuist? Feumaidh mi stampaichean fhaighinn agus cairtean-puist a chur air falbh.

ISEABAIL:	Tha tè air Sràid na Drochaid.
MAIRI:	Glè mhath.
DOMHNALL:	O, tha Sràid a' Phrìonnsa snog. Tha na Gàrraidhean àlainn.
CATRIONA:	Seallaibh! Sin Cleoc nam Flùraichean! Tha e ris an uair cheart.
IAIN:	Eisdibh! Tha pìobaire a' cluich. Càit' a bheil e?
COINNEACH:	Tha e aig a' Chaisteal.
MAIRI:	Mo chreach! Dè am fuaim a bha siud?
COINNEACH:	Siud an gunna mòr shuas aig a' Chaisteal. Bidh iad ga losgadh aig uair a h-uile latha.
DOMHNALL:	Cuin a theid sinn a shealltainn air a' Chaisteal?
COINNEACH:	Theid an deidh ar diathaid. Tha mise leis an acras!
ISEABAIL:	Tha an t-acras ormsa cuideachd. Bu toigh leam biadh Sìneach. Seo taigh-bidhe snog. Tha mi eòlach air.
DOMHNALL:	Tha mise ag iarraidh biadh Innseanach – rudeigin teth.
ANNA:	Tha is mise. Ach tha mi ag iarraidh reòiteag cuideachd!
CATRIONA:	Ithidh sinne rud sam bith, nach ith, a Mhàiri?

Vocabulary

an stèisean (f.)	the station
na steapaichean	the steps
na taighean-beaga (m.)	the toilets
gabh air do shocair	take it easy
Oifis a' Phuist	the Post Office
cairt-phuist (f.)	a postcard
cairtean-puist	postcards
an drochaid (f.)	the bridge
am prìonnsa (m.)	the prince
na gàrraidhean (m.pl.)	the gardens
na flùraichean (f.pl.)	the flowers
èisdibh	listen (pl.)
an caisteal (m.)	the castle
am fuaim (m.)	the noise
an gunna mòr (m.)	the cannon, the big gun
ga losgadh	firing it
uair	one o'clock
Sìneach	Chinese
Tha mi eòlach air.	I know it well.

Innseanach	Indian
ith	to eat
rud sam bith	anything

Language points

Taigh-beag means 'lavatory' or 'toilet'. Literally, the words mean 'little house' – probably from the days when they were outside.

Do you remember that there are two words for 'out' (**a-muigh** and **a-mach**), depending on whether movement is involved? In the same way, there are two variations on the word for 'down' that you might have noticed in the dialogue. **Shìos an staidhre** means 'downstairs' (a place or location). **Sìos nan steapaichean** means 'going down the steps' (involving a movement).

Did you notice the two senses of the word **uair**?

tha iad ga losgadh aig *uair* **a h-uile latha** = at one o'clock
tha e ris *an uair* **cheart** = at the correct time

The phrase **feumaidh mi** 'I must' is a very useful one which you have already come across. There are two examples in the dialogue:

Feumaidh mi stampaichean *fhaighinn.*
I need to get stamps.

Feumaidh mi cairtean-puist *a chur air falbh.*
I need to send postcards.

Did you notice where the verb comes in these two sentences? In both cases they follow the object, at the end of the sentences. The verb/verb phrase always comes at the end of sentences of this kind.

An t-acras, a word you already know, is 'hunger'. Did you notice that it is in the dative case after the word **leis** 'with'? As a result, the **t-** is dropped from the article, so for 'I'm hungry', you have **Tha mi leis an acras**.

Exercise 1

When talking about a restaurant she knows, Isabel uses the phrase **Tha mi eòlach air** 'I know it well'. This is a phrase which you can use to talk about a wide range of things, places or people that you know or are familiar with. Use **eòlach air** to translate the sentences below.

a I know Iain well.
b Do you know him well?
c I know that café well.
d She doesn't know Glasgow well.
e Don't you know Mairi?

Look at the list of phrases below, all taken from the dialogue. What do they have in common?

baile-mòr Dhùn Eideann
stèisean nan trèanaichean
Oifis a' Phuist
Sràid na Drochaid
Cleoca nam Flùraichean
an dèidh ar diathaid

These are all examples of the second noun being in the genitive case. You could translate them into English with phrases like 'the city of Edinburgh', 'the station of the trains' and so on.

A very important point to remember with structures of this type is that, when the second noun is in the genitive, you never have an article before the first noun. You have already come across quite a lot of examples, such as **bùth Sheumais**, **bràthair m'athar**, **Sràid an Rìgh'**, etc.

For the second noun, the one which is in the genitive case:

the masculine article is: **a'** + lenition/**an/an t-**
the feminine article is: **na**

You often find this type of construction in Scottish place names where two nouns come together.

Example: **Drumnadrochit**   **Druim na Drochaid**
                                        the ridge (back) of the bridge

Exercise 2

The following are the Gaelic words for some geographical features:

achadh a field	**allt** a stream	**bealach** a mountain pass
bruach a bank	**càrn** a cairn	**clach** a stone
clachan a hamlet	**cnoc** a hillock	**coille** a wood
inbhir the mouth of a river	**creag** a rock	**port** a port

Now can you match these Gaelic place names to their English equivalents? A little detective work is required for some!

a **Achadh nan Allt**   Lochside
b **Ceann an Loch**   Inverness
c **Ceann na Coille**   Tayvallich
d **Cnoc an t-Solais**   Lochinver
e **Inbhir Nis**   Lighthill
f **Loch an Inbhir**   Woodend
g **Port na Creige**   Woodside
h **Taigh a' Bhealaich** Kinloch
i **Taigh an Uillt**   Portnacraig
j **Taobh an Loch**   Taynuilt
k **Taobh na Coille**   Achanalt

Dialogue 2 🔘

Dè tha dol?

What's going on?

They find a window table and have fun discussing what is happening in the street outside.

ISEABAIL: Tha am baile cho trang. Tha Fèis Dhùn Eideann ann an dràsta.

MAIRI: O seallaibh air na tha sin de dhaoine! 'Sann à Africa a tha an fheadhainn sin. Tha iad math air na drumaichean. Nach iad a tha dòigheil!

COINNEACH: 'Sann às na Stàitean Aonaichte a tha iad seo. Tha bratach mhòr Amaireaganach aca.

IAIN: Eisd, a Mhàiri. Tha cuideigin a'cluich *Waltzing Matilda* thall an sin! A bheil an cianalas ort?

MAIRI: Chan eil na bloigh! Tha mi toilichte gu leòr an seo.

DOMHNALL: Seallaibh a-mach! Tha mise a' faicinn duine ag ithe teine.

CATRIONA: Na bi gòrach, a Dhòmhnaill.

COINNEACH: Tha thu ceart. Tha dithis ann.

MAIRI: Seall am fear sin leis a' ghiotàr – tha e a' seinn òran Frangach.

DOMHNALL: Ithibh ur biadh agus theid sinn a-mach. Tha seo gu bhith math!

Vocabulary

trang	busy
Fèis Dhùn Eideann	the Edinburgh International Festival
an dràsta	now, at this time
de dhaoine	of people
na drumaichean (f.)	the drums
bratach (m.)	flag
èisd	listen
an cianalas (m.)	homesickness
bloigh (m.)	a small piece
seall, seallaibh	look
ithibh (pl.)	eat

Language points

Na tha seo de dhaoine means 'the amount (the number) of people who are here'. It is quite similar to the structure of **Dè na tha seo?**, meaning 'How much is this?', 'How much does it cost?'.

A bheil an cianalas ort? means literally 'Is the homesickness on you?'. **Cianalas** – 'homesickness' or 'nostalgia' – is another of the feelings or experiences which Gaelic treats as being 'on you'. The word comes from the word **cian**, meaning 'far away'.

Chan eil na bloigh is a common expression meaning 'not a bit', which can be used instead of **chan eil gu dearbh** 'no indeed'.

Tha seo gu bhith math! = 'This is going to be good!'

Exercise 3

Answer the following:

a   A bheil an cianalas ort?
b   An robh cur-na-mara ort a riamh?
c   Tha an cadal ort, nach eil?
d   A bheil an t-acras oirbh?
e   Bha an cnatan ort an dè, nach robh?
f   A bheil fadachd ort gun tig mi?
g   An robh a' chais ort a-riamh?
h   A bheil am pathadh oirbh?

Dialogue 3 ▣

Aiteachan sònraichte

Special places

The group splits into two: the boys go to the castle, and the girls walk along Princes Street.

CATRIONA: Feumaidh mi banc' a lorg. A bheil fear faisg?
ISEABAIL: Tha. Sin Banca na h-Alba.
MAIRI: Tha cairt-creideis agamsa. Tha i uabhasach feumail.
CATRIONA: Seallaibh air a' bhùth-bhròg seo. Nach seall sibh air na brògan-sàmhraidh!
MAIRI: Tha iad snog, nach eil?
Seo bùth-aodaich. Seallaibh air na fasanan ùra!
ISEABAIL: Seo bùth-leabhraichean mhòr – is caomh leam i. Tha bhideos is CDs aca cuideachd.
MAIRI: Tha mi a' dol a cheannach tòrr anns an tè-sa!
CATRIONA: A bheil an Oilthigh faisg air làimh, Iseabail?
ISEABAIL: Chan eil i fad às idir.
MAIRI: Dè mu dheidhinn leabhar-lann?
ISEABAIL: Tha an leabhar-lann mòr gu math faisg oirnn. Sin an Acadamaidh Rìoghail is an Gaileiridh Nàiseanta mu ar coinneamh. Tha an Taigh-tasgaidh shuas air Sràid na Drochaid.
CATRIONA: Feumaidh sinn a dhol dhan a h-uile h-àite!
MAIRI: Tha Dùn Eideann mìorbhaileach! Nach math gu bheil seachdain againn ann. Thèid sinn dhan taigh-cluich a-nochd is chun an Tatù an ath-oidhch'.

Vocabulary

àite, **àiteachan** (m.)	a place, places
sònraichte	special
banca (m.)	a bank
lorg	to find
faisg	near
faisg air làimh	near at hand
gu math faisg	quite/fairly near
cairt-creideis (f.)	a credit card
feumail	useful

fasanan (m.)	fashions
bùth-leabhraichean (f.)	a bookshop
fad' às	far away
an leabhar-lann (f.)	the library
rìoghail	royal
mu ar coinneamh	in front of us/opposite us
an taigh-tasgaidh (m.)	the museum
a h-uile h-ait'	everywhere

Language points

This dialogue gives you another example of a verb at the end of a sentence:

Feumaidh mi banc' a lorg.   I need to find a bank.

And there is another example of two nouns together, the second being in the genitive case: **Banca na h-Alba** 'the Bank of Scotland'. **Alba** is a feminine noun.

In the phrase **a h-uile h-àit** 'everywhere' the second **h-** is there simply for ease of pronunciation.

fad' às = **fada** + **à** = *lit*. 'long from'

This can also be expressed as **fad' air falbh** 'long away from'.

Exercise 4

How would you say:

1 The castle is quite near.
2 The hall is opposite us.
3 The library is far away.
4 The church is very near.
5 The cinema is 'near at hand'.
6 The toilets are beside the station.

Imperatives

Catherine says **Seallaibh air a' bhùth-bhròg seo!** 'Look (pl.) at this shoe-shop!'.

Similarly, Mairi says **Seallaibh air na fasanan ùra!** 'Look (pl.) at the new fashions!'.

In Dialogue 2, Iain said **Eisd, a Mhàiri!** 'Listen, Mairi!'.
Try translating the following imperatives, using the words for 'look', 'listen' and 'be quiet'.

Exercise 5

Use **seall ri** 'look at'.

a Won't you look at this!
b Don't look (pl.) just now.
c Look at the people!
d Look at this!

Use **isd** 'be quiet' and **eisd** 'listen'.

e Be quiet, Donald.
f Won't you (pl.) listen!
g Listen (pl.) to me!
h They will not be quiet.
i Did you listen to him?

In the dialogue, Isabel says:

> **Sin an Acadamaidh Rìoghail is an Gaileiridh Nàiseanta mu ar coinneamh.**
> There are the Royal Academy and the National Gallery in front of us/opposite us.

Mu choinneamh is a compound preposition. If there is a noun following it, then the noun changes to the genitive – e.g. **mu choinneamh na bùtha** 'opposite/in front of the shop'. **Coinneamh** is a noun (meaning 'meeting'), so in expressions like **mu ar coinneamh** 'in front of us', it has the possessive **ar** immediately before it.

Using 'opposite'/'in front of' with all the possessive pronouns, we have:

mu mo choinneamh	**mu ar coinneamh**
mu do choinneamh	**mur coinneamh**
mu a choinneamh	**mun coinneamh**
mu a coinneamh	

Take a look up from this book. **Cò, no dè, a tha mu do choinneamh an dràsta?** Who, or what, is in front of you at this very moment?

Exercise 6

How would you say:

a The table is in front of you.
b It is not in front of me.
c Isn't she opposite you?
d Who is opposite us?
e James is opposite her.

The compound preposition **mu dheidhinn** 'about' follows the same pattern as **mu choinneamh**. It is as follows:

mu mo dheidhinn	**mu ar deidhinn**
mu do dheidhinn	**mur deidhinn**
mu dheidhinn	**mun deidhinn**
mu a deidhinn	

as does **ri taobh** 'beside', 'next to':

ri mo thaobh	**ri ar taobh**
ri do thaobh	**ri ur taobh**
ri a thaobh	**ri an taobh**
ri a taobh	

Exercise 7

Can you complete the following sentences?

1 Bha sinn a' bruidhinn . . . (about her)
2 Tha Màiri na suidhe . . . (beside me)
3 Tha an taigh . . . (opposite us)
4 An cuala sibh . . . (about them)
5 Bidh Calum a' fuireach . . . (beside you (pl.))
6 Cha robh duine na sheasamh . . . (opposite him)

Exercise 8

Below you will see the table arrangement for a formal dinner. Make six sentences about the seating, using the words for 'opposite' and 'beside'.
For example:

Tha Morag na suidhe ri taobh Mhartainn.
Morag is sitting next to Martin.

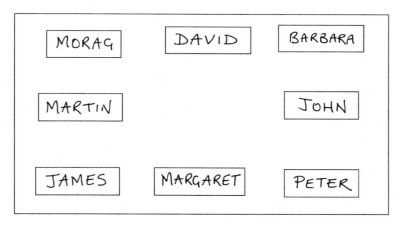

Reading 13

Caisteal Dhùn Eideann

Tha Caisteal Dhùn Eideann air a thogail air creag mhòr agus tha e air a bhith an sin o chionn iomadh bliadhna. Ri taobh a' Chaisteil tha Eaglais na Banrìgh Mairead far am biodh i ag ùrnaigh agus 'se sin am pàirt as aosda den Chaisteal uile. Faisg air làimh tha cladh beag anns am bi iad a' tìodhlaiceadh coin nan saighdearan. Chì sibh gunnaichean-mòra ri taobh nam ballachan. 'Se 'Mons Meg' an t-ainm a th'air a' ghunna-mhòr aosd. Bidh iad a' losgadh gunna-mòr aig a' Chaisteal aig uair a h-uile latha. Bidh an Tatù air a chumail aig a' Chaisteal san Lùnasdal a h-uile bliadhna, aig àm na Fèis' Eadar-nàiseanta. Bidh daoine a' tighinn a Dhùn Eideann aig an àm sin às gach àite fon ghrèin.

14 Subhach is dubhach

Happy and sad

In this lesson you will learn:

- how to express emotions
- how to change statements into reported speech
- more past tenses

Dialogue 1

A-mach air a chèile!

Fallen out!

Mairi discovers that Catherine is unhappy about her boyfriend. What is the issue they have been fighting over?

MAIRI: A bheil thu a' faireachdainn ceart gu leòr, a Chatrìona?

CATRIONA: O tha, tha mi ceart gu leòr.

MAIRI: A bheil thu cinnteach? Tha thu a' coimhead uabhasach brònach. A bheil càil a' dèanamh dragh dhut?

CATRIONA: Chan eil mòran.

MAIRI: Innis dhomh dè tha ceàrr.

CATRIONA: A bheil cuimhn' agad gun tuirt thu fhèin gun robh Calum ag òl cus? Uill, chaidh sinn a-mach air a chèile mu dheidhinn na deoch.

MAIRI: Chan eil e math gu leòr dhut-sa co-dhiù. An robh thu a' bruidhinn ris on uair sin?

CATRIONA: Cha robh. Dh'fhòn mi thuige 'sa' mhadainn ach thuirt e gun robh e ro thrang airson bruidhinn.

MAIRI: Tha mi duilich.

CATRIONA: Och, chan eil gràdh agam air a-nis co-dhiù. Tha mi coma dheth. Faodaidh e a dhol a-mach le Fiona bheag Nic an t-Saoir. Tha ise ag obair anns an taigh-òsda!

Vocabulary

brònach	sad	**uair** (f.)	time
dragh (m.)	trouble	**Dh' fhòn mi.**	I phoned.
mòran	a lot	**thuige**	to him
gun tuirt thu	that you said	**gràdh** (m.)	love
cus	too much	**coma**	indifferent
air a chèile	on each other	**taigh-òsda** (m.)	a hotel

Language points

Chaidh sinn a-mach air a chèile means 'we fell out' (literally, 'we went out on each other').

The word **cèile** is used to signify 'together with'. It is used in several expressions, including **còmhla ri chèile**, meaning 'along with each other', 'together'.

> *Example*: **Bha iad a' cluich còmhla ri chèile.**
> They were playing together.

It is also the word used for 'spouse': **mo chèile** is 'my spouse'/'my husband'/'my wife'.

So:

mathair chèile = mother-in-law **piuthar chèile** = sister-in-law
athair cèile = father-in-law **bràthair cèile** = brother-in-law

(Notice that the word **cèile** in these constructions functions like an adjective, and so is lenited in the feminine versions, as usual for feminine adjectives.)

The word **cèile** is not used, however, to talk about one's son-/daughter-in-law. 'My son-in-law' = **mo chliamhainn**, or **an duin' aig an nighean agam** – 'the husband of my daughter'. 'My daughter-in-law' is simply **bean mo mhic** – 'the wife of my son'.

Dh'fhòn mi is a fairly transparent borrowing from the English word 'phone'. There are many examples of such words in Gaelic. Established borrowings like this follow the normal grammatical patterns, so you have, for example, **Tha mi a' fònadh** – 'I am phoning', etc. **Dh'fhòn mi thuige 'sa' mhadainn** 'I phoned/ called him this morning'. This sentence includes a prepositional pronoun, **thuige** 'to him', built on the preposition **gu**, meaning 'to'/'towards'.

The full set for this preposition is as follows:

gu + mi	thugam	gu + sinn	thugainn
gu + thu	thugad	gu + sibh	thugaibh
gu + e	thuige	gu + iad	thuca
gu + i	thuice		

The word **gràdh** means 'love'. It can be used in a number of ways:

mo ghràdh = my love, my dear
a ghràidh = dear – e.g. **a Pheigi, a ghràidh** 'Peggy, dear'
Tha gràdh agam ort. = I love you (*lit.* 'I have love on you').

This useful phrase requires you to use two prepositional pronouns!

Example: **Tha gràdh aice orra.** = She loves them.

The word **coma** is frequently used to say that you don't care – e.g. **tha mi coma**.

In the name of the woman who works at the hotel, **Fiona bheag Nic an t-Saoir** 'little Fiona MacIntyre', notice that both the adjective and surname are feminine. Notice also the position of the adjective, coming before the surname.

Exercise 1

On the opposite page you will see some of the characters of the popular Gaelic soap opera, **'Gràdh mo Chridh'** – 'The Love of my Heart' – together with how they relate to each other. Who loves who, and who doesn't care? Can you express some of the relationships in Gaelic?

..who is strangely attracted to Jake MacBean, of no fixed occupation..

James Macleod, who runs the Post Office, has a soft spot for Susie the hairdresser. ---

.. who has taken to hanging around the primary school where Polly MacKay works...

... but Polly has eyes only for the young Rev. Murdo Smith...

.. who is trying not to think about jolly young Canadian tourist Sally Struthers . . .

.. while Sally imagines herself sharing a quiet life with Hector, the rugged lighthouse-keeper ..

Dialogue 2 ▄▄

Nighean thoilichte

A happy girl

Ann comes to share some good news with her grandfather. What is the slight hitch in her plans?

ANNA:	A sheanair, tha mi air mo dhòigh!
SEANAIR:	Tha mi a' faicinn sin, m'eudail. Dè a rinn cho toilichte thu?
ANNA:	Thuirt Màiri gum faod mi a dhol còmhla rithe airson saor-làithean.
SEANAIR:	Chuala mi sin. Ge-tà, feumaidh tu airgead airson a' phlèan.
ANNA:	Tha airgead agam ann am banca na sgoile. Am bi sin gu leòr?
SEANAIR:	Cha bhi idir, a ghràidh.
ANNA:	Tha mi duilich a-nis. Dè nì mi?
SEANAIR:	Dè do bheachd fhèin?
ANNA:	Thuirt Dòmhnall gu bheil airgead gu leòr agaibhse, a sheanair.
SEANAIR:	An tuirt gu dearbh? Ma gheibh mise grèim air!
ANNA:	Thuirt e gun toireadh sibh rud dhomh nam bithinn nam nighean mhath.
SEANAIR:	Tha thu nad nighean mhath, a luaidh. Na bi duilich idir. Gheibh sinn am faradh dhut. Seo do shean-mhair a' tighinn. Tha sporan mòr làn aicese.
ANNA:	A ghranaidh, a ghranaidh, tha gaol mòr agam oirbh . . .
SEANMHAIR:	. . . Agus tha thu ag iarraidh rudeigin!

Vocabulary

air mo dhòigh	happy	**grèim** (m.)	a hold
m' eudail	my darling	**gun toireadh sibh**	that you would give
ge-tà	however	**nam bithinn**	if I would be
duilich	sad	**a luaidh**	dear
beachd (m.)	opinion	**am faradh** (m.)	the fare
gu dearbh	indeed	**làn**	full
gheibh	will get	**gaol**	love

Language points

One way of expressing happiness is, as Ann says, **Tha mi air mo dhòigh!** 'I'm really happy'/'I'm thrilled!'.
  The full set is:

Tha mi air mo dhòigh.	**Tha sinn air ar dòigh.**
Tha thu air do dhòigh.	**Tha sibh air ur dòigh.**
Tha e air a dhòigh.	**Tha iad air an dòigh.**
Tha i air a dòigh.	

Tha gaol agam ort 'I love you' is exactly the same kind of construction as **Tha gràdh agam ort**, from Dialogue 1.

Reported speech – present tense

Dè tha Anna ag radh?   What is Ann saying?

Tha i ag radh gu bheil i air a dòigh.
Tha i ag radh gu bheil i a' dol air saor-làithean còmhla ri Màiri.
Tha i ag radh gu bheil airgead aic' ann am banca na sgoile.
Tha i ag radh gu bheil i duilich a-nis.
Tha i ag radh gu bheil gaol mòr aic' air a seanmhair.

Exercise 2

Imagine that you are listening to someone talking on the phone and simultaneously having to relay each phrase to another person who is keenly interested in the conversation. Can you convey what is being said?

'Tha mi duilich . . .
  'Tha e ag radh gu bheil e duilich . . . '

'chan urrainn dhomh a thighinn . . .
  'Tha e ag radh nach urrainn dha a thighinn'

'chan eil mo bhean gu math . . .
'feumaidh i a dhol chun an doctair . . .
'tha i a' faireachdainn uabhasach tinn . . .
'thig mi feasgar . . .
'tha mi duilich!'

Reported speech – past tense

Dè thuirt Anna?	What did Ann say?

Thuirt i gun robh i air a dòigh.
Thuirt i gun robh i a' dol air saor-làithean còmhla ri Màiri.
Thuirt i gun robh airgead aic' ann am banca na sgoile.
Thuirt i gun robh i duilich a-nis.
Thuirt i gun robh gaol mòr aic' air a seanmhair.

As you can see, the normal way to express: A says that B is . . . is **tha A ag radh gu bheil B . . .** and A said that B was . . . is **thuirt A gun robh B . . .**

Gu bheil and **gun robh** are parts of the dependent form of the verb 'to be'.

Exercise 3

Look back at the dialogue and think about what was said. Then answer the following questions:

a Dè thuirt Dòmhnall?
b Dè thuirt an seanair?
c Dè thuirt an seanmhair?

Direct speech

When people recount conversations using the exact words that were said, they very often use the word **arsa**. This word is quite often used too in narratives and stories.

For example:

'Tha mi duilich', arsa Catrìona.
'Pàighidh mi-fhèin am faradh agad', arsa seanair.
'Tha mi air mo dhòigh!' ars' Anna.

Exercise 4

All of the sentences below come from the first dialogue in this chapter. Can you remember the speaker for each sentence, and make a sentence with **arsa** to express who said what?

a Tha mi ceart gu leòr.
b Tha thu a' coimhead uabhasach brònach.
c Chaidh sinn a-mach air a chèile.
d Chan eil e math gu leòr dhut-sa.
e Chan eil gràdh agam air a-nis.
f Faodaidh e a dhol a-mach le Fiona bheag Nic an t-Saoir.

Dialogue 3

Tha mi air mo nàireachadh

I'm so embarrassed

Catherine has been speaking to her friend, Ceit, and comes home in tears.

MATHAIR: A Chatrìona, carson a tha thu a' gal? Dè tha a' cur ort?

CATRIONA: Tha mi air mo nàireachadh! Tha Calum ag innse dhan a h-uile duine gu bheil mi cho pròiseil is cho spaideil – agus gu bheil mi leisg!

MATHAIR: Na bi gòrach, a ghràidh. Cha chreid duine sam bith e. Tha Calum ceàrr a' bruidhinn mar sin.

CATRIONA: Dh'innis Ceit a h-uile càil dhomh. Tha a h-uile duine a' fanaid orm.

MATHAIR: Feuch an isd thu. Gheibh thu seachad air. Dè mu dheidhinn a dhol cuairt a dh'Astràilia còmhla ri Anna bheag?

CATRIONA: Chan eil airgead gu leòr agam. Tha e ro dhaor.

MATHAIR: Na bi cho brònach! Thuirt seanair gum pàigheadh e fhèin am faradh aig Anna agus bheir sinne cuideachadh dhutsa.

CATRIONA: O, a mhamaidh, a bheil sibh cinnteach? Tha mi airson a dhol ann ach cha bu dùirig dhomh airgead iarraidh oirbh! Bha fios aig Anna gun robh mi gu bàsachadh leis an fharmad. Cha robh mi a-riamh cho toilichte! Tapadh leibh, tapadh leibh! Ceud mìle taing!

MATHAIR: Cha bhi guth air Calum tuilleadh!

Vocabulary

air (mo) nàireachadh	embarrassed, ashamed
a' gal	crying
a' cur ort	troubling you
pròiseil	proud
creid	to believe
duine sam bith	anybody
Cha chreid duine sam bith.	Nobody will believe.
a' fanaid	mocking, making fun of
seachad	over
cuideachadh (m.)	help
cinnteach	sure
dùirig + do	to dare
bàsachadh	dying
farmad (f.)	envy
taing (f.)	thanks
guth (m.)	word

Language points

Carson a tha thu a' gal?, 'Why are you crying?'. Other words you could also use to mean 'crying' are **caoineadh** and **rànail**.

The question and answer:

Dè tha a' cur ort?   What's bothering you?

and

Tha mi air mo nàireachadh!   I'm embarrassed!

are two examples of the many idioms which use a form of **air**.

Also in the dialogue are:

Tha a h-uile duine a' fanaid orm.
Everybody's making fun of me.

Gheibh thu seachad air.
You'll get over it/him.

Some other expressions which are often used are:

Mo nàire ort!   Shame on you! (You should be ashamed.)
Chan eil guth air. There is no word of him. (Nobody talks
                    about him.)

Na leig guth ort.	Don't mention a word. (Keep quiet about it.)
Tha gaol agam ort.	I love you.
Tha mi air mo dhòigh.	I'm really happy.

Agus **gu bheil mi leisg** – Catherine's using the full word gives a little extra emphasis here.

a h-uile duine	everybody
duine sam bith	anybody

When **duine sam bith** comes after a negative verb (**cha chreid**), the meaning becomes 'nobody' + verb – here, 'nobody will believe'.

Cha bu dùirig dhomh = 'I didn't have the courage to'/'I didn't like to/didn't dare to'. The present tense is **cha dùirig dhomh**.

In the sentence **Thuirt seanair gum pàigheadh e fhèin** 'Grandpa said that he would pay', **gum** has just the same function as **gun** or **gu**. In front of the letters **b**, **p**, **f**, and **m**, however, **gum** should be used.

Catherine confesses that she was **gu bàsachadh** *leis an fharmad* – 'nearly dying with envy'.

Other feelings and experiences that you can use with **leis** include:

leis a' chadal	with sleep
leis an acras	with hunger
leis a' phathadh	with thirst
leis an deoch	with drink (drunk)
leis an sgìths	with fatigue
leis an eagal	with fright
leis an fhuachd	with cold
leis an teas	with heat
leis an leisg	with laziness
leis an fhadachd	with longing

Exercise 5

What sentence could you use to make a complaint **gu bàsachadh** in the following situations? Be careful with the tenses!

a You have been standing at a wintry bus stop for half an hour.
b You are coming to the end of a particularly exhausting day.
c You think your neighbour will be very envious of your brand new car.
d You have just got out of a terribly overheated building.

e You feel you are simply starving!
f You have just had a long drink of water, which you feel you
   really needed.
g You are gazing sentimentally at a photo of your boy/girlfriend,
   away on a long trip.

Reading 14 ▱

Anna Bheag

Anna bheag is i cho brònach,
Little Annie who is so sad,
Anna 's i ri caoineadh;
Little Annie who is weeping;
Anna bheag is i cho brònach,
Little Annie who is so sad,
Anna 's i na h-aonar.
Annie is all alone (lonesome).

Anna bheag 's i caoidh a leannain,
Little Annie, grieving for her sweetheart,
Bhon a rinn e 'fàgail;
Seeing he has left her;
Anna bheag 's i caoidh a leannain,
Little Annie grieving for her sweetheart,
'S t-èil' aige na h-àite.
Because he has another instead of her.

Anna bheag is i cho brònach,
Anna 's i ri caoineadh;
Anna bheag is i cho brònach,
Anna 's i na h-aonar.

Anna, na bi idir brònach,
Annie, don't be at all sad,
Anna, na bi tùrsach;
Annie, don't be mournful;
Anna, na bi idir brònach –
Annie, don't be at all sad –
Gheibh sinn leannan ùr dhut!
We will get a new sweetheart for you!

© Mairead Hulse used with permission

15 Na làithean a dh'fhalbh

Days gone by

Dialogue 1 ▭

A bheil cuimhn' agaibh?

Do you remember?

Iain has a school project on life in the Highlands in days gone by. He decides to interview his father – without much success.

IAIN: A dhadaidh, tha obair-dachaigh agam mu dheidhinn nan làithean a chaidh seachad. Thuirt an tidsear ruinn bruidhinn ri duin' aosd air choreigin a dh' innseadh dhuinn mu na seann dòighean.

ATHAIR: Chan eil mise cho sean 's a tha thu a' smaoineachadh, a bhalaich. Feumaidh tu a dhol a-null gu taigh do sheanar.

IAIN: O, fuirichibh mionaid. Thuirt an tidsear gun robh Cogadh mòr ann uaireigin. An robh sibh ann?

ATHAIR: Iain, cha robh mise air mo bhreith nuair a bha an Cogadh ann. Tha mi ag innse dhut gum feum thu faighneachd dhe do sheanair.

IAIN: A bheil cuimhne aig' air na rudan a thachair nuair a bha e òg?

ATHAIR: Nach eil fhios agad gu bheil. Chan eil e a' sguir a bhruidhinn air làithean òige ann an Leòdhas.

IAIN: Ceart ma-tha. Theid mi a shealltainn air a-nochd is nì mi agallamh leis. Tha tòrr cheistean agam.

Vocabulary

cuimhne (f.)	memory
obair-dachaigh (f.)	homework

làithean (m.pl.)	days
duin' aosd air choreigin	some old person
a dh'innseadh	who would tell
seann	old (preceding a noun)
dòighean (f.pl.)	ways
sean	old
a-null	over
taigh do sheanar (gen.)	your grandfather's house
cogadh (m.)	war
beir	to bear, to give birth to
air mo bhreith	born
na rudan a thachair	the things that happened
sguir	to stop
làithean òige	the days of his youth
a shealltainn air	to see him
nì mi	I will do
agallamh (m.)	an interview
tòrr (m.)	a lot
ceistean (f.pl.)	questions

Language points

Òige 'youth' is the noun from the adjective **òg** 'young'.
When talking about direction or location:

a-null 'over to' is used to mean 'from here to there'
a-nall 'over here' is used to mean 'from there to here'

A few Gaelic adjectives precede the noun they describe, and **seann** 'old' is one of them.

Example: **seann duine**   an old man
        na seann làithean the olden days

(This is the only way to express this phrase – **laithean aosda** would never be used.)
A variation is **sean**, which follows the noun.

Example: **duine sean** = **duin' aosd**

Another two adjectives which function similarly are **droch**, meaning 'bad', and **deagh**, meaning 'good'/'fine'.

Example: **droch dhuine** = **duine dona** = a bad man
        droch shìde = **sìde dhona** = bad weather
        deagh dhuine = a fine man

How are the 'preceding' adjectives different from others? As far as meaning is concerned, they are rather more emphatic in their description of a situation. In grammatical terms, they sometimes lenite the following noun. Check with the examples above, such as: *d*roch *dh*uine, *d*uine dona.

Exercise 1

Using **seann**, **droch** or **deagh**, can you translate the following sentences?

> *Example*: Robert the Bruce lived in the olden days.
> **Bha Raibeart Brus beò anns na seann làithean.**

1 She is a good nurse.
2 We have bad weather just now.
3 John is a fine husband.
4 My grandfather is an old man.
5 That is an old dog.

(Note: be careful with **is** and **tha**!)

Beir = 'to bear', 'to give birth to', so **Cha robh mi air mo bhreith** is literally 'I had not been given birth to' (a passive construction)!
In the present tense you would say, for example,

> **Tha a' bhò a' breith laogh.** The cow is giving birth to a calf.

To say 'I was born' you can use **Chaidh mo bhreith** or **rugadh mi**.

> So I was born in Stornoway. = **Chaidh mo bhreith an Steòrnabhagh.**
> or **Rugadh mi an Steòrnabhagh.**

To ask 'Where were you born?' it is customary to say **Càit' an do rugadh sibh?**

Exercise 2

Translate these sentences into English.

1 Càit' an do rugadh iad?
2 Rugadh mi an Inbhir Nis.
3 Rug an cat na piseagan.
4 Chaidh Ceit a breith aig an taigh.
5 Cha robh Dòmhnall air a bhreith an uairsin.

6 Cha do rugadh an leanabh fhathast.

7 Rugadh Pàdraig air a chiad latha den bhliadhna.

8 Cuin a chaidh do bhreith?

Be aware that the verb **beir** has another meaning – 'to catch'/'to catch up with'. It must then be followed by the preposition **air**.

Example:

Rug mi air a' bhàlla. I caught the ball.

Na rug thu air do charaid? Did you catch up with your friend?

You could be in trouble if you did not know the context!

Dialogue 2

An agallamh

The interview

IAIN: A sheanair, an robh sibhse anns a' Chogadh?

SEANAIR: Cha robh mis' anns a' Chogadh idir, Iain, ach bha Ruaraidh mo bhrathair. Chaidh a mharbhadh nuair a bha mise nam ghill' òg.

IAIN: Am biodh sibh a' dol dhan sgoil nuair a bha sibh òg?

SEANAIR: Nach eil fhios agad gum biodh! Bha Gàidhlig aig a h-uile duine anns a' chlas agam ach b'e leasanan Beurla a bh' againn.

IAIN: Dè an t-aodach a bhiodh oirbh?

SEANAIR: Bhiodh aodach blàth sa' gheamhradh leis an droch shìde – briogais chlò is geansaidh snàth-bobain is brògan mòra.

IAIN: Dè na cur-seachadan a bh'agaibh?

SEANAIR: Bhiodh sinn a' cur seachad mòran dhen tìde air an tràigh. Bhiodh sinn a' snàmh is a' cluich anns na geod-haichean is a' lorg chrùbagan is rudan mar sin.

IAIN: Bhiodh sin math. Is toigh leamsa sin cuideachd. An robh telebhisean agaibh?

SEANAIR: Cha robh na bloigh! Ach bha rèidio againn is bhiodh sinn ag eisdeachd ris.

IAIN: Am biodh sibh a' dol dhan eaglais a h-uile Sàbaid?

SEANAIR: O bhiodh gu dearbh.

IAIN: An robh sgoil Shàbaid agaibh mar a th'againn?

SEANAIR: Bha. Dh'ionnsaich mi Salm 23 nuair a bha mi seachd
bliadhna agus tha cuimhn' agam oirre fhathast.

IAIN: Bha sibh dòigheil nuair a bha sibh òg, nach robh?

SEANAIR: Bha, agus tha mi dòigheil fhathast!

Vocabulary

marbh	to kill	**an tràigh** (f.)	the beach, the shore
gille (m.)	a lad	**geodha** (f.)	a cove
snàth (m.)	wool	**crùbag** (f.)	a crab
boban (m.)	a bobbin	**salm** (f.)	a psalm
briogais chlò	tweed trousers		

Language points

> **cha robh na bloigh** = not at all/not a bit
> **snàth-bobain** = homespun wool (spun on bobbins)

Passives

Chaidh is the past tense of the verb **rach** – 'to go'. One of its func-
tions is to express passive ideas, the way 'was' and 'were' (+ past
participle) are used in English. In Gaelic, the form consists of:
chaidh + possessive adjective (**mo**, **do**, etc.) + the verb used as a
noun.

For example:

Chaidh mo bhreith.	I was born. (as above)
Chaidh a mharbhadh.	He was killed.
Chaidh am marbhadh.	They were killed.

Another passive construction is 'He has been killed', (often used
for recent occurrences) which in Gaelic is **Tha e air a mharbhadh.**
Here we have the word **air** inserted between the subject **e** and the
verbal noun phrase. Remember in the last lesson, for example,
Catherine was **air mo nàireachadh**.

Some more examples:

Tha am biadh air ithe.
(The possessive **a** is omitted when the verb begins with a
vowel.)

Tha an doras air a dhùnadh.
Tha an uinneag air a fosgladh.
Tha na leabhraichean air an sgrìobhadh.
Tha an deoch air a h-òl.

And one more construction: in Gaelic too, the past participle is used to denote the passive. Some of the more common past participles are:

briste	broken	**dùinte**	closed	**fosgailte**	open
ceangailte	tied	**reòite**	frozen	**glaiste**	locked

Exercise 3

Try to make passive sentences out of the words below. You are given a subject and a verb/verb phrase, which you have to match in order to make sense! You can keep to the present tense of 'to be' or, for extra practice, try doing the same in the past and the future.

Example: **Tha an truinnsear briste.**

an truinnsear	dùinte
an car	air ithe
mo phàrantan	air a chaitheamh
an taigh	briste
am boireannach	reòite
an t-uisge	glaiste
an t-airgead	air a goirteachadh (hurt)
am biadh	air an nàireachadh

Seanair had learned Psalm 23 as a youngster. This is what these verses look like in Gaelic.

Is e Dia fèin is buachaill dhomh
   cha bhi mi ann an dìth,
Bheir e fainear gun laighinn sìos
   air cluaintean glas le sìth.
Is fòs ri taobh nan aibhnichean
   theid seachad sìos gu mall,
A ta e ga mo threòrachadh
   gu mìn rèidh anns gach ball.

The Lord's my Shepherd, I'll not want
   He makes me down to lie

In pastures green, he leadeth me
The quiet waters by.
My soul he doth restore again
And me to walk doth make
Within the paths of righteousness
Even for his own name's sake.

Dialogue 3 ▣▣

Eadar-dhealaichean

Differences

IAIN: A sheanair, innsibh dhomh dè na h-eadar-dhealaichean eile a th' ann bho bha sibh òg.

SEANAIR: Uill, an toiseach, cha robh frids no reòthadair làn de gach seòrsa biadh againn. Bhiodh sinn ag ithe aran-flùir is aran-coirce is aran-eòrna – chan e cèicichean. Bhiodh lit no pròs againn airson ar bracaist. Bha iasg is feòil is buntàta againn, is gu leòr bainne is bàrr is gruth.

IAIN: Dè tuilleadh?

SEANAIR: Cha robh cumhachd an dealain anns na h-eileanan nuair a bha mise òg idir. Bhiodh sinn a' lasadh lampaichean-ola a h-uile feasgar. Cha robh uisge anns na pìoban – bhiodh sinn a' dol dhan tobar. Bhiodh sinn a' ceannach gual ach bhiodh mòine againn cuideachd. Bha cruach-mhòine aig gach taigh.

IAIN: Am biodh dannsan agaibh?

SEANAIR: O bhiodh, danns' an rathaid . . . is puirt-a-beul. 'Se bha math.

IAIN: A sheanair, feumaidh sibh leabhar a sgrìobhadh – cuidichidh mi-fhèin sibh!

Vocabulary

innsibh	tell (imperative)
frids (m.)	fridge
reòthadair (m.)	freezer
Bhiodh sinn.	We would be.
aran-flùir (m.)	flour bread

aran-eòrna (m.)	barley bread
lit (m.)	porridge
pròs (m.)	brose (made with oatmeal and hot water)
gruth (m.)	crowdie (or cottage cheese – soft white fresh cheese)
cumhachd (m.)	power
an dealan (m.)	electricity
a' lasadh	lighting
ola (f.)	oil
an tobar (f.)	the well
gual (m.)	coal
mòine (f.)	peat
cruach-mhòine (f.)	a peatstack
puirt-a-beul	mouth music
cuidichidh	will help

Language points

Innsibh is the plural/polite imperative of **innis** – 'to tell'.

Bhiodh, the conditional tense of the verb 'to be' (sometimes referred to as the subjunctive) is used to express habitual or recurring actions – like 'we used to do'/'we would do' in English.

Cumhachd an dealain is a genitive structure – 'the power of electricity'.

Danns' an rathaid is another genitive structure – 'a dance of the road'. This was a popular form of entertainment in rural areas of the Gaidhealtachd before the introduction of organised activities in village halls. The **danns' an rathaid** would be danced to the accompaniment of accordion music, or, failing that, to the singing of songs composed to Scottish dance tunes and known as **puirt a-beul** 'mouth music'. (**Puirt** is actually the plural of **port** – 'a cheerful song'.) If you have the accompanying tape you can hear an example of this in the song **'Brochan Lom'** (*Thin Gruel*).

Did you notice the word order in **Feumaidh sibh leabhar a sgrìobhadh** – 'You must write a book'? The subject must come before the second verb.

Exercise 4

Look back at the dialogue and find as many examples as you can of:

a   past structures with **bha/cha robh**.
b   past structures with **bhiodh/cha bhiodh**.

Exercise 5

Can you change these present sentences so that they talk about past habits and routines?

a Tha mi a' dol dhan sgoil.   Bhiodh mi . . .
b Tha aodach blàth oirnn.
c Tha sinn a' cluich air an tràigh.
d Chan eil mi ag òl bainne.
e Tha sinn ag ithe tòrr iasg.
f A bheil do bhràthair an seo?
g Chan eil seo a' còrdadh riut, a bheil?

Exercise 6

Now what about your own past life? Even if you are still relatively young, there are probably differences you can talk about between your childhood and your life now. What sentences can you make?

Reading 15 🔲🔲

Leughadh

Here is a reading about 'na làithean a dh'fhalbh' – 'days gone by'.

Is caomh leam bhith 'g èisdeachd mo sheanar
I like to listen to my grandfather
Ag innse mu na làithean a dh'fhalbh
telling about the days that have gone
Nuair a bha esan na bhalach
when he was a boy
Is an seòrsa cur-seachad a bh' ann.
and the kind of pastimes there were.
Bhiodh iad shìos air [1] a' mhachair le camain
They would be down on the machair with shinty sticks
'S ag iasgach le dubhan is sreang
and fishing with a hook and a string
No a' buachailleachd chruidh air a' mhòintich
or herding cows on the moor

1 The **machair** is flat open ground next to a beach.

Broch Charlabhaigh

O mhoch mhadainn gu tuiteam na h-oidhch'.
from early morning to nightfall.

Cha bhiodh iadsan len sròin ann an leabhar
They would not have their nose in a book
No idir a' coimhead TV –
or watching TV at all –
Bha cus aig na seòid ud ri dhèanamh
these fellows had too many other things
Airson bhith cur seachad na tìd'.
to pass the time with.

© Mairead Hulse (used with permission)

16 Deireadh na bliadhna

The end of the year

Dialogue 1 ▣

An Nollaig

Christmas

MAIRI: Bidh sinn a' falbh à Alba air an trìtheamh latha den Fhaoilleach, Anna.

ANNA: Tha fadachd mòr orm. Ach bidh an Nollaig is a' Bhliadhn' Ur ann an toiseach.

MAIRI: Tha fios agam.
A Dhòmhnaill, dè a sgrìobhas mi air mo chairtean Nollaig'?

DOMHNALL: Sgrìobh, 'Nollaig chridheil, le deagh dhùrachdan, Màiri'.

MAIRI: Tha sin snog. Dè a bhios sibh a' dèanamh airson na Nollaig'?

ANNA: Bidh Bodach na Nollaig' a' tighinn! Agus bidh dìnneir mhòr againn!

DOMHNALL: Theid sinn dhan Eaglais air oidhche Nollaig'. Bidh sinn a' seinn laoidhean Ghàidhlig is Bheurla.

MAIRI: Nach math sin! Tha mi an dòchas gum bi sneachd ann. Chan fhaca mi sneachd aig àm na Nollaig' a-riamh.

DOMHNALL: Feumaidh tu do dhealbh a thogail còmhla ri Santa!

MAIRI: Feumaidh gu dearbh . . . anns an t-sneachd!

Vocabulary

fadachd (m.)	longing	**an toiseach**	first
A' Bhliadhn' Ur	the New Year	**cridheil**	hearty, merry

dùrachd (f.)	a wish	**laoidh** (f.)	a hymn
Bodach na Nollaig'	Father Christmas	**tog dealbh**	to take a photograph
cairtean Nollaig'	Christmas cards		

Language points

As well as **Bodach na Nollaig** 'the old man of Christmas' – Santa is sometimes referred to as **Bodach na Feusaig** 'the old man with the beard'. You're more likely to hear him referred to as 'Santa'!

The plural of **dùrachd** is **dùrachdan**.

Deireadh na Bliadhna is 'the end of the year'. **Bliadhna** is a feminine noun so the article in the genitive is **na**. The same happens with **Nollaig** 'Christmas' and **feusaig** 'beard'.

Cairtean Nollaig is also a genitive structure. With this and any other genitive of more than two syllables, the final **e** is dropped in conversation, and very often in writing too.

Here are some more words and phrases that come in useful at Christmas time.

Le deagh dhùrachd 'with a good wish' is a commonly used greeting at this time of year. It is also a useful closing phrase for letters, etc., at any time.

tiodhlac (m.)	gift, present
stocainn Nollaig' (f.)	Christmas stocking
sìos an simileir	down the chimney
craobh Nollaig' (f.)	Christmas tree
turcaidh (m.) **/cearc Fhrangach**	turkey/a French hen!
cèice Nollaig' (f.)	Christmas cake
cracairean (m.pl.)	crackers
balùinean (m.pl.)	balloons
dèideagan (f.pl.)	toys
cnothan (f.pl.)	nuts
teoclaidean (m.pl.)	chocolates
suiteas (m.pl.)	sweets, candy
aran-ìm (m.)	shortbread (Not **goirid**, despite what you might read in some dictionaries – it's called shortbread because of the shortening, or butter.)
Na chroch thu do stocainn?	Did you hang up your stocking?

Dè a fhuair thu?   What did you get?
Dè a thug thu do ... ?   What did you give to ... ?
Dè a ghabhas tu?   What will you have?

Exercise 1

Can you rearrange the letters in the words below so they are spelled correctly? Each of them relates to Christmas in some way.

a H I D O L A
b A S E T I S U
c N A A D D E G I E
d O C T D L H A I
e N A C I N T O S
f N T A R A E I C
g D T O C E L A I
h D I C U T R A H

Exercise 2

Here are some answers to questions that you might be asked at this time of year. Can you supply the questions?

a Fhuair mi baidhsagal ùr.
b Gabhaidh mi pìos cèic Nollaig', mas e do thoil e.
c Thug mi dhi miotagan dearg.
d Sgrìobh, sgrìobh mi gu Santa.
e Cha d' fhuair mi am Mercedes idir.
f Thug Iain dhomh dà leabhar mhòr.
g 'Se Ceit a thug dhomh a' bhideo seo.
h Cha ghabh mi uisge-beath' idir, tapadh leibh.

Laoidh – 'Leanaibh an Aigh' 🔳

The hymn 'Child in the Manger' was originally written in Gaelic, with the title 'Leanaibh an Aigh'. Here is a part of the hymn, together with the translation:

Leanabh an àigh
Blessed child
An leanabh bh'aig Màiri
Mary's child

Rugadh san stàbull
Born in the stable
  Rìgh nan dùl:
  King of the universe:
Thàinig don fhàsach
Came to the wilderness
Dh'fhulang nar n-àite
To suffer in our place
Son' iad an àireamh
Happy are those
  Bhios dha dlùth.
  Who will be near to him.

Leanabh an àigh
Blessed child
Mar dh'aithris na fàidhean
As the prophets spoke of
'S na h-ainglean àrd
And the high angels
B'e miann an sùl.
He was the desire of their eye.
'Se 's airidh air gràdh
It is he who is worthy of love
'S ar n-urram thoirt dha
And our honour to be given him,
Sona an àireamh
Happy are those
  Bhios dha dlùth.
  Who will be near to him.

Dialogue 2

Oidhche na Bliadhn' Uire!

Hogmanay!

MR MACDONALD: Tha e dà uair dheug! Siud na clagan!
A H-UILE DUINE: Bliadhna Mhath Ur dhuibh!
MR MACDONALD: Dè a ghabhas sibh – fìon, no còc, no uisge-
                   beatha?
MRS MACDONALD: Tha deoch air choreigin aig a h-uile duine a-nis.

MR MACDONALD:	Glè mhath. Air ur slàinte!
A H-UILE DUINE:	Slàinte mhòr
MAIRI:	O, seallaibh air na rionnagan – tha tòrr dhiubh ann. Agus tha an sneachd cho brèagha – tha e coltach ri cairt Nollaig'.
CATRIONA:	Seo na caraidean againn a' tighinn. Tha partaidh anns an talla. Bidh oidhche mhòr againn!
MRS MACDONALD:	Feuch nach gabh sibh an deoch!
CATRIONA:	Chan eil sinn cho gòrach ri sin idir!

Vocabulary

clac (m.), **clagan** (pl.)	bells
còc	a popular soft drink!
deoch air choreigin	some kind of drink
ur slàinte	your health (cheers!)
rionnagan (f.pl.)	stars
gabh an deoch	to get drunk

Language points

Oidhche na Bliadhn' Uire is 'the night of the New Year'. **Uire** is the feminine genitive form of the adjective **ùr**, used in agreement with the noun **bliadhna**.

Slàinte, literally 'health', is the expression normally used for toasting. You can also say **slàinte mhòr!** or perhaps **air do dheagh shlàint** 'to (*lit.* 'on') your good health'. For 'the same to you', say **a leithid cheudna dhuibh**. You might also say **a h-uile beannachd** 'every blessing'. Wishing somebody well for the year to come, you could say **a h-uile là a chì 's nach fhaic** 'for every day I see you and for every day I don't'.

Feuch na gabh sibh an deoch! 'Try not to get drunk!'. **Ghabh e an deoch** is literally 'He took the drink' – in other words, 'He got drunk'.

The old word for 'New Year's Day' is **a' Challainn**, but **là na Bliadhn' Uire** is heard more often nowadays.

Exercise 3

Can you write an appropriate message which you could include on a card for Christmas or New Year?

Exercise 4

New Year Resolutions: Can you match the resolution in the left column with the reason for it from the right column?

1 Chan òl mi uisge-beatha tuilleadh.

a Chan eil airgead idir agam.

2 Feumaidh mi mo bhean a chuideachadh.

b Tha mi ro thiugh.

3 Tha mi gu bhith ag èirigh tràth.

c Cha robh mi snog ri Anna idir.

4 Feumaidh mi sguir a' smocadh.

d Tha mo cheann ro ghoirt.

5 Chan ith mi teoclaid am bliadhna.

e Tha an car agam aosd a-nis.

6 Bidh mi snog ri mo phiuthar tuilleadh.

f Tha mo bhean bhochd cho sgith.

7 Cuiridh mi m' airgead dhan bhanc.

g Tha mi a' casadaich a h-uile latha.

8 Gheibh mi car ùr am bliadhna.

h Tha cabhag orm a h-uile madainn.

Dialogue 3 ▨

Làithean sonraichte eile

Other special days

MAIRI: Dè na làithean eile a bhios a' còrdadh ruibh?

IAIN: Is toigh leamsa Oidhche Shamhna.

MAIRI: Carson? Am bi partaidh agaibh?

IAIN: O bithidh! Partaidh mòr leis a h-uile seòrsa rudan math.

MAIRI: Dè tuilleadh is àbhaist dhuibh a bhith a' dèanamh?

IAIN: Bidh mi-fhèin 's na balaich a' cur oirnn aodach gòrach is aghaidh-choimheach agus bidh sinn a'dol gu taighean nan nabaidhean.

MAIRI: Dè a gheibh sibh an sin?

IAIN: Feumaidh sinn òran a sheinn no rabhd a ghabhail agus an uairsin gheibh sinn duais air choreigin, 's dòcha suiteas no cnothan no airgead.

ANNA: Is toigh leamsa a' Chàisg. Bidh saor-làithean againn.
MAIRI: Carson is toigh leat na saor-làithean sin?
ANNA: Bidh sinn a' faighinn uighean teoclaid – feadhainn mhòr' is feadhainn bheag' – agus rabaidean teoclaid!
MAIRI: Ach 'se an Nollaig as fheàrr, nach e?
ANNA: O, 'se gu dearbh!

Vocabulary

Oidhche Shamhna	Halloween
aghaidh-choimheach (f.)	a mask
nàbaidhean (m.)	neighbours
Dè a chanas iad?	What will they say?
rabhd (m.)	a rhyme
a ghabhail	to recite
duais (f.)	a reward
a' Chàisg	Easter

Language points

Samhainn is 'Halloween' so **oidhche Shamhna** (genitive) is 'the night of Halloween'. Remember **an t-Samhain** is the word for 'November'.

Aghaidh-choimheach is literally 'a strange face' – in other words, 'a mask'.

Feumaidh sinn òran a sheinn – remember the order of the words in this kind of sentence.

Exercise 5

Can you match these special days to the right month?

a Oidhche Shamhna   an Dùbhlachd
b An Nollaig   am Faoilleach
c a' Challainn   an Giblean
d A' Chàisg   an Dùbhlachd
e Là na Bliadhn' Uir   an Dàmhair

Exercise 6

Fill in the gaps in the following sentences using words from the list underneath.

1 Tha _____ orm gun tig an Nollaig.
2 Feumaidh mi _____ a cheannach dha Coinneach.
3 Tha mi an _____ gum bi sneachd ann.
4 Cha toigh leam uisge – _____ idir.
5 Bliadhna _____ ùr dhut!
6 Bha sinn ag ithe is ag _____ fad an latha.
7 _____ mi scarfa thartain bho mo phiuthar.
8 Bidh saor-làithean againn as t- _____
9 Thug mi ugh teoclaid dha Iain aig a' _____
10 Bha _____ ann an taigh mo charaid.

Use each word once only.

beatha   Chàisg   dòchas   fadachd   fhuair   mhath   òl   partaidh
samhradh   tiodhlac

Reading 16   📼

Litir dhachaigh

Mairi writes a letter to her sister telling her about Christmas and New Year.

> *Ceud Sràid a' Chamain*
> *Port Rìgh*
> *An t-Eilean Sgitheanach*
> *An darna là den Fhaoilleach*

Eilidh, a ghràidh,
Ciamar a tha thu? A bheil an teaghlach uile gu math? A bheil an aimsir teth? Chòrd e rium a bhith an seo aig an Nollaig agus a' Bhliadhn' Ùr. Tha sneachd is reothadh ann agus tha e cho fuar. Tha a h-uile càil cho brèagha 's cho geal. Bha latha Nollaig' snog againn le tiodhlacan gu leòr agus biadh is deoch gu leòr. Rinn m' antaidh cèic mhòr àlainn agus tòrr rudan snog. Fhuair mi tiodhlacan dhutsa cuideachd.

Bha partaidh againn oidhche na bliadhn' ùir' agus bha sinn a' dannsa agus ag ithe 's ag òl gu madainn. Tha ar co-oghaichean (sin na cousins!) cho dòigheil. Tha fadachd orra gu faic iad sibh uile.

Chì sinn sibh Disathairne aig a' phort-adhair.

le gaol chun a h-uile duine

Màiri.

f.s. Tha mo Ghàidhlig math a-nis, nach eil??

(A postscript in Gaelic is **fo-sgrìobhadh** – literally 'under writing'.)

Leughadh

Translations of reading passages

Reading 1

I'm Mairi. I'm a student in the University of Sydney. I have a little Gaelic. I want to learn more Gaelic and I've come to Scotland. My family come from Scotland and I have a lot of relatives here. I'm sitting in the bus going to Portree. Australia is far away. I'm feeling tired. There is a lady next to me on the bus and she also speaks Gaelic. Her name is Jean. We understand each other well enough.

Reading 2

This is my sister's wedding photograph. There she is in the centre. Her husband is an American. They met on holiday in Ireland. That's his brother, David, beside him – the tall fellow with the moustache. I think he works in Inverness. It was a wonderful day. My sister is tall and slim with long brown hair and she is so beautiful. I'm the short fair-haired one beside her, and those are my parents. They are grey-haired now! My mother is not wearing her glasses in this photograph. The little girl and the little boy belong to my neighbour. They were so nice!

Reading 3

I'm in a great hurry today as I'm late for work. But – I can't find my spectacles anywhere. I can't read a thing without the spectacles and I only have the one pair. I don't know what to do! I'm trying everywhere – on the desk, on the coffee table, in the kitchen, in the car, in my bag, under the newspapers – there is no sign of them. My wife said, 'Try in your pocket.' They were there all the time. Aren't I silly! I'm going to buy two new pairs tomorrow!

Reading 4

I'm Morag, fair-haired Alasdair's wife. Yesterday I was sitting on the sofa, with my leg terribly sore with (the) rheumatism. I was tired and sleepy. Anyway, my sister, Elizabeth came in. She had a lovely cake which she had made herself. Elizabeth is so kind. She was sorry that the pain was worse. We were drinking tea and eating cake all afternoon. I am better now. I have no pain at all.

Reading 5

My brother and I were in David's shop today. David is really nice and he likes our family. We wanted/were wanting bread and biscuits. He didn't have any chocolate biscuits but we bought some other ones. We were both tired and hungry. It was half past five then, and it was time for us to go home. I was too tired to do my push-ups. My goodness! I'll have to do forty tomorrow. My back is sore and my legs are sore. They'll be sore tomorrow as well. Oh, dear! I'm not sure . . .

Reading 6

Oatcakes

This is how you make oatcakes:

You will need:
  two cups oatmeal
  ½ teaspoon baking soda
  25g butter
  pinch of salt
  a little sugar
  hot water (about a cupful)

Mix the dry ingredients (things) together in a bowl. Add (put in) the hot water gradually. Mix it without making it too wet. Make it into a round shape (lump). Put it out on a board and cut it into scones. Cook (them) in a hot oven until they are ready – about twenty minutes.

Reading 7

Today is the third of March. It's Wednesday. It's after two o'clock in the afternoon and I'm inside having a cup of coffee. The day is very cold but it is dry. We had terrible weather last week. There were snow showers. I was remembering the summer and long sunny days. I hope there will be/it will be a lovely summer this year. I'm going on holiday to France. That will be good. It's too cold here.

Reading 8

There are many crofters living in the north of Scotland. It is hard work. They have to be out in wind and rain and cold, but they like that lifestyle. They need (to have) other work too, because they do not make enough money on the croft. Some work in the town, some others are fishermen and some others weave Harris Tweed. Today's crofters keep sheep in the main (more often, it is sheep that today's crofters have). The crofters may plant potatoes and turnips and things like that as well. These people have beautiful big houses and their lifestyle is good.

Would you yourself like to be a crofter in the Highlands?

Reading 9

Hello! I'm Kenneth Iain Graham. I am from Seattle but my parents come from Lewis. I was born in the United States but I have plenty Gaelic. It was Gaelic we spoke at home when I was young. I know a lot about Lewis. I heard about the Callanish Stones and the Broch when I was very young. They used to speak about Stornoway and the Castle. I know about the crofts and the fishing and the Harris Tweed which they weave on the looms. If you want to go there you must go to Ullapool and take a ferry to Stornoway. I think that is really good. A plane also goes from Inverness to Stornoway twice every day.

Reading 10

SALE JAMES' SHOP All week – from 9 a.m. Monday till 12.00 noon Saturday:

dresses from £6, blouses £2 and £5, ladies' trousers £10, men's trousers £12, Skirts £10, tweed jackets £40, shirts from £7, overcoats £59.99, raincoats £3, ladies' shoes £19.99, men's shoes £30, scarves, ties, stockings, underwear, bonnets

Plenty of bargains every day!

Reading 11

A large family

Elizabeth says: My uncle Murdo had a large family ... they had three boys and five girls. Morag was the oldest in (of) the family. She was a cook in a hotel in Glasgow for ten years. After that she married a man from Uist and they went to live in Perth where he was a postman. He has now retired (stopped working).

The older boys left for America. They are married there. Malcolm is a schoolmaster and Roderick works in a bank. I haven't seen them for ages.

Iain, the youngest son, lives in Lewis. He is a minister in the Church of Scotland. He is a good man.

Margaret left for Canada and she is married to a 'big' farmer. They are terribly rich. It was Flora who went to Australia. She's married to Donald Macleod. They have two girls and a boy. Mairi, who is visiting the island just now belongs to them. She is so nice and content. She likes the Isle of Skye.

Jean and Kate are unmarried, as yet anyway, and they are both nurses in the hospital in Portree.

Reading 12

I went to visit my friend Roderick last night. There were three other friends in with him as well – red-haired Murdo, little Duncan, and Malcolm the joiner. We were speaking about our young days (the days of our youth) when we used to climb the hills. One day Malcolm fell and broke his leg. We also used to go out fishing on the loch on the far side of the island. What fun! But one day we were on the loch and a great storm came. It was terribly stormy and wet. We only had a small boat and we got a fright. Anyway, after a long time we reached the shore, but we never again went back to fish on that loch. What a fright we got!

We are now growing old! I like working in the garden; Murdo likes to cycle; Duncan reads a lot of books, and Malcolm is busy working round the church.

Reading 13

Edinburgh Castle

Edinburgh Castle is built on a large rock and it has been there for many years. Beside the castle is Queen Margaret's Chapel where she used to pray, and that is the oldest part of all the castle. Near at hand is a small cemetery where the soldiers' dogs are buried. You can see cannons beside the walls. The old cannon is called 'Mons Meg'. A cannon is fired at the castle every day at one o' clock. The Tattoo is held at the castle in August every year at the time of the International Festival. People come to Edinburgh at that time from every place under the sun.

Reading 14

translation in the text

Reading 15

translation in the text

Reading 16

A letter home

> *100 Shinty Street*
> *Portree*
> *Isle of Skye*
> *January 2*

Dear Helen,

How are you? Are all the family well? Is the weather hot?

I enjoyed being here at Christmas and New Year. There is snow and frost and it is so cold. Everything is so lovely and white. We had a lovely Christmas Day with plenty presents and plenty food and drink. My aunt made a lovely big cake and lots of nice things. I got presents for you as well.

We had a party on New Year's Eve, and we were dancing and eating and drinking till morning. Our cousins are so nice. They are longing to see you all.

> *We'll see you on Saturday at the airport.*

> *With love to everybody*

> *Mairi*

P.S. My Gaelic is good now, isn't it?

Key to exercises

Lesson 1

Exercise 1

1 Tapadh leat! 2 Gabhaibh mo leisgeul! 3 Ciamar a tha sibh?
4 Tapadh leibh! 5 Ciamar a tha thu?

Exercise 2

1 Tha mi duilich! 2 Airgead 3 Dè a' phrìs a tha ...?
4 Mas e ur toil e.

Exercise 3

1 Is mise Catrìona NicDhòmhnaill. 2 Is mise Seumas Mac a'
Ghobhainn. 3 Is mise Anna Fhriseal.

Exercise 5

1 Tha i a' ruith. 2 Tha iad a' bruidhinn. 3 Tha e a' gàireach-
dainn. 4 Tha e a' leughadh. 5 Tha iad a' pòsadh.

Lesson 2

Exercise 1

1 Halò, ciamar a tha thu? 2 Tha gu math, tapadh leat. Ciamar a
tha thu fhèin? 3 Ciamar a tha sibh an diugh? 4 Tha mi fuar.
Ciamar a tha sibh fhèin?

Exercise 2

duine   seanair   bràthair   mac
bean   piuthar   nighean   màthair   seanmhair.

Exercise 3

Peigi-seanmhair   Seumas-seanair   Ruaraidh-athair   Ealasaid-
màthair   Dòmhnall-bràthair   Anna-piuthar   Iain-bràthair

Exercise 5

a tha a' bruidhinn   tha e ag obair   tha mi a' smaoineachadh
tha e a' coimhead

Exercise 7

òg   reamhar   mòr   brèagha   duilich

Exercise 8

1 An duin' aosd   2 An nighean bhrèagha   3 Tha an taigh aosd
4 An tè bhàn   5 Tha mo phiuthar bàn   6 Tha a' chèic math

Exercise 10

1 Cò am fear caol tha seo leis an fhalt dhubh?   2 Cò an tè òg tha
seo leis an fhalt fhada?   3 Cò an tè bhrèagha tha seo leis an fhalt
bhàn?   4 Cò am fear maol tha seo le na speuclan?   5 Cò an tè
ghrannda tha seo leis an ad mhòr?

Lesson 3

Exercise 1

1. Chan urrainn dhomh falbh.   2 Chan urrainn dhi a radh.
3 Bu chòir dha a thighinn.   4 Cha bu chòir dhaibh a dhol ann.
5 Is urrainn dhomh a dhèanamh.

Exercise 2

am baga am bòrd an doras an iuchair an telebhisean
an cupa an uinneag an lampa am preas an rèidio an sèithir
a' chluasag an cleoc a' forc an sgian

Exercise 3

Rùm-suidhe: a cleoc b sòfa c lampa d dealbh e àite-teine
f telebhisean g doras h ruga i cuisean j bòrd k peann
l speuclan m pàipear-naidheachd n balla
   Rùm-caidil: 1 uinneag/cùirtear 2 lampa 3 leabaidh
4 cluasag 5 sèithir 6 bonnagan 7 bòrd-sgeadachaidh

Exercise 4

Cidsin: forca sgian bòrd tubhailt
Rùm-suidhe: cuisean sòfa sèithir telebhisean
Rùm-caidil: leabaidh cluasag plaide preas

Exercise 6

uaine	gorm	dearg
buidhe	uaine	dubh
dubh	geal	dearg
buidhe	uaine	gorm
glas	dearg	dubh

Exercise 8

1 ceart 2 ceart 3 ceart 4 ceart 5 ceart 6 ceart 7 cearr
8 cearr 9 cearr 10 cearr

Lesson 4

Exercise 1

1 Greasaibh oirbh. 2 Tha am pathadh orm. 3 Dè tha cearr ort?
4 Tha an deoch air. 5 Tha an t-acras orm. 6 Tha cabhag orm.
7 Tha eagal air 8 Tha a' chais air.

Exercise 2

1 mionach 2 amhach 3 gàirdean 4 òrdag 5 broilleach
6 ceann 7 drùim 8 cas 9 corrag 10 stamag

Exercise 3

1 maoil 2 aghaidh 3 beul 4 gàirdean 5 làmh 6 glùin 7 cas
8 corragan 9 cas 10 meuran 11 mionach 12 gualainn 13 falt
14 cluais

Exercise 4

1 Tha a druim gort. 2 Tha a corrag goirt. 3 Tha an cnatan air.
4 Tha a h-amhach goirt. 5 Tha a chas briste/goirt. 6 Tha a
ghàirdean briste/goirt. 7 Tha an deoch air.

Exercise 5

1 – b 2 – d 3 – a 4 – e 5 – f 6 – c

Lesson 5

Exercise 1

1 a dha, a ceithir, a sia, a h-ochd, a deich, a dha dheug, a ceithir
deug 2 a deich, a fichead, a deich air fhichead, a dà fhichead, a
leth cheud, a trì fichead, a trì fichead 'sa deich 3 a còig, a deich,
a còig deug, a fichead, a còig air fhichead, a deich air fhichead, a
còig deug air fhichead 4 a trì, a sia, a naoi, a dhà dheug, a còig
deug, a h-ochd deug, a h-aon air fhichead 5 a sia, a dhà dheug,
a h-ochd deug, a ceithir air fhichead, a deich air fhichead, a sia
deug air fhichead, a dà fhichead 's a dhà

Exercise 2

1 trì fichead 's a deich 2 sia air fhichead 3 ceud 4 dà fichead
's a dhà 5 trì fichead 's a h-aon deug

Exercise 5

a Tha e ochd uairean.　b Tha e fichead mionaid an deidh aon uair deug.　c Tha e leth-uair an deidh uair.　d Tha e còig mionaidean gu trì.　e Tha e cairteal gu sia.

Lesson 6

Exercise 1

cèic　cofaidh　suiteas　tea　peur　orainnsear

Exercise 2

e.g. Is toigh leam cèic. Cha toigh leam aran

Exercise 3

1 Chan eil mi gan iarraidh.　2 Tha an tidsear gad iarraidh.　3 Chan eil e ga iarraidh.　4 A bheil thu gam iarraidh?

Exercise 4

1 An toigh leat iasg?　2 Cuir sìos an t-aran.　3 Am faigh mi tuilleadh bainne nam chofaidh?　4 Cha toigh leam reòiteag idir. 5 Ciamar a rinn sibh a' chèic teoclaid?　6 A bheil thu ag ithe do bhuntàta?

Lesson 7

Exercise 1

1 Tha/chan eil　2 Tha/chan eil.　3 Tha/chan eil　4 Is mi/cha mhi 5 'Se/chan e　6 'S ann/chan ann

Exercise 3

an Earrach – òg, ùr, uaine　an Samhradh – saor-làithean, grian, reòiteag
am Foghar – buain, duilleagan　an Geamhradh – fuar, gaoth, sneachd, Nollaig

Exercise 4

a an Dùbhlachd b an Iuchair c an Giblean d an Dàmhair
e am Faoilleach

Exercise 5

a Tha e fiadhaich. b Tha e grianach. c Tha an sneachd ann.
d Tha an t-uisge ann.

Lesson 8

Exercise 3

cuilean – cù piseag – cat isean – cearc laogh – bò uan – caora.

Exercise 5

1 Coinneach 2 Raibeart 3 Eilidh 4 Seonag 5 Peadar 6 Peigi
7 Iseabail 8 Murchadh 9 Barabal 10 Uilleam

Exercise 6

1 Ciamar a tha thu? 2 Cuin a bhios an trèan' a' falbh? 3 Cuin
a bhios a' bhracaist ann? 4 Cò tha seo? 5 Cuin a bhios tu a' dol
a chadal? 6 Dè an teaghlach a th' aice? 7 Càit' a bheil m'ad?
8 Càit' a bheil a' chlann?

Lesson 9

Exercise 1

1 Tha Coinneach à Seattle. 'S ann à Seattle a tha Coinneach.
2 Tha Màiri à Astràilia. 'S ann à Astràilia a tha Màiri. 3 Tha
Catrìona às an Eilean Sgitheanach. 'S ann às an Eilean
Sgitheanach a tha Catrìona. 4 Tha mo phàrantan à Leòdhas.
'S ann à Leòdhas a tha mo phàrantan. 5 Tha Dàibhidh à Alba.
'S ann à Alba a tha Dàibhidh.

Exercise 4

1 A bheil e a' còrdadh ris? 2 A bheil e a' còrdadh riut? 3 Cha
do chòrd e rium. 4 Tha e a' còrdadh riutha. 5 Chòrd e ruinn
glè mhath.

Exercise 5

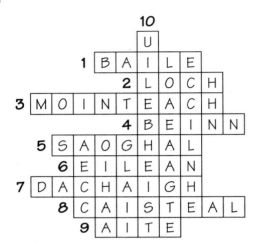

Lesson 10

Exercise 1

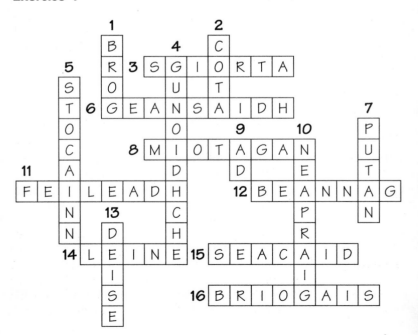

Exercise 3

1 còig notaichean   2 còig notaichean air fhichead ach sgillinn
3 deich notaichean   4 ceithir notaichean   5 dà fhichead not 's a
h-aon ach dà sgillinn

Exercise 4

1 Tha am falt seo fada.   Tha am falt seo ro fhada.   2 Tha an
dreasa seo goirid.   Tha an dreasa seo ro ghoirid.   3 Tha seo trom.
Tha seo ro throm.   4 Tha an lèine seo beag.   Tha an lèine seo
ro bheag.   5 Tha am biadh-sa teth.   Tha am biadh-sa ro theth.

Lesson 11

Exercise 1

1 Tha mi nam fhallas.   2 Tha mi nam amadan.   3 Tha e na chadal.
4 A bheil thu nad aonar?   5 Tha mi nam èiginn.

Exercise 2

1 'Se peantair a th'ann.   2 'Se doctair a th'ann.   3 'Se ministear
a th'ann.   4 'Se tidsear a th'innte.   5 'Se croitear a th'ann.

Exercise 3

plumair/pìob   fear-lagha/cùirt   iasgair/slat   post/litir   sgrìob-
haiche/leabhar   dràibhear/cuibhle   saor/sàbh   doctair/ospadal
croitear/caoraich   saighdear/gunna   proifeasair/oilthigh   minis-
tear/eaglais   peantair/dealbh

Exercise 4

1 Am faod mi an car fhaighinn?   2 Am faod mi airgead fhaighinn?
3 Am faod mi a dhol gu partaidh Rob?   4 Am faod mi fuireach
a-muigh gu dà uair dheug?   5 Am faod mi a' fòn a chleachdadh?
6 Feumaidh tu do rùm a ghlanadh.   7 Feumaidh tu d'obair-sgoile
a dhèanamh.   8 Feumaidh tu d' fhalt a ghearradh.   9 Feumaidh
tu na soithichean a nighe.   10 Feumaidh sibh ur biadh ithe.

Lesson 12

Exercise 1

coimpiutair gèam teanas giotàr telebhisean trèan stampaichean còcaireachd cèicichean geansaidh

Exercise 2

1 Tha e a' sreap. 2 Tha i a' ruith. 3 Tha i ag iasgach. 4 Tha e a' cluich golf. 5 Tha e a' coimhead an telebhisean.

Exercise 5

a Cha do dh'innis mise. b Chan innis e. c Na dh'innis mi dhut? d Dh'innis thu dhomh. e O, nach do dh'innis mi dhut? f Nach innis i dhan a h-uile duine? g An innis mi dha . . .

Lesson 13

Exercise 1

a Tha mi eòlach air Iain. b A bheil thu eòlach air? c Tha mi eòlach air a' chafé sin. d Chan eil i eòlach air Glaschù. e Nach eil thu eòlach air Màiri?

Exercise 2

a Achadh nan Allt – Achanalt b Ceann an Loch – Kinloch c Ceann na Coille – Woodend d Cnoc an t-Solais – Lighthill e. Inbhir Nis – Inverness f Loch an Inbhir – Lochinver g Port na Creige – Portnacraig h Taigh a' Bhealaich – Tayvallich i Taigh an Uillt – Taynuilt j Taobh an Loch – Lochside k Taobh na Coille – Woodside

Exercise 3

a Tha/chan eil b Bha/cha robh c Tha/chan eil d Tha/chan eil e Bha/cha robh f Tha/chan eil g Bha/cha robh h Tha/chan eil

Exercise 4

1 Tha an caisteal gu math faisg. 2 Tha an talla mu ar coinneamh. 3 Tha an leabhar-lann fad air falbh. 4 Tha an eaglais glè fhaisg. 5 Tha an taigh-dhealbh faisg air làimh. 6 Tha na taighean-beaga ri taobh an stèisean.

Exercise 5

a Nach seall thu ri seo. b Na seallaibh an dràsta! c Seall ri/air na daoine. d Seall ri seo. e Isd, a Dhòmhnaill! f Nach eisd sibh. g Eisdibh riumsa! h Chan isd iad. i Na dh'eisd thu ris?

Exercise 6

a Tha am bòrd mu do choinneamh. b Chan eil e mu mo choinneamhsa. c Nach eil i mu do choinneamh? d Cò tha mu ar coinneamh? e Tha Seumas mu a coinneamh.

Exercise 7

1 mu deidhinn 2 ri mo thaobh 3 mur coinneamh 4 mun deidhinn 5 ri ur taobh 6 mu choinneamh

Exercise 8

Tha Mòrag na suidhe ri taobh Dhàibhidh. Tha Mairead na suidhe ri taobh Sheumais. Tha Iain na shuidhe mu choinneamh Mhàrtainn. Tha Barabal na suidhe ri taobh Iain. Tha Màrtainn na shuidhe ri taobh Sheumais. Tha Màiread na suidhe ri taobh Pheadair.

Lesson 14

Exercise 1

For example:
1 Tha gràdh aig Seumas MacLeòid air Susaidh, an gruagaire. 2 Is toigh le Susaidh Jake MacBean. 3 Tha gràdh aig Jake air Polaidh NicAoidh, an tidsear. 4 Tha an t-Urr. Murchadh Mac a' Ghobhainn coma dhe Polaidh. 5 Is toigh le Sally Eachainn 6 Tha gaol aig a' mhinistear air Sally.

Exercise 2

Tha e ag radh gu bheil e duilich.   Tha e ag radh nach urrainn dha a thighinn.   Tha e ag radh nach eil a bhean gu math.   Tha e ag radh gu feum i a dhol chun an doctair.   Tha e ag radh gu bheil i a' faireachdainn uabhasach tinn.   Tha e ag radh gun tig e feasgar. Tha e ag radh gu bheil e duilich!

Exercise 3

a Thuirt Dòmhnall gun robh airgead gu leòr aig an seanair. b Thuirt an seanair gum paigheadh e fhèin faradh Anna.   c Thuirt an seanmhair gun robh Anna ag iarraidh rudeigin.

Exercise 4

a 'Tha mi ceart gu leòr', arsa Catrìona.   b 'Tha thu a' coimhead uabhasach brònach', arsa Màiri.   c 'Chaidh sinn a-mach air a chèile', arsa Catrìona.   d 'Chan eil e math gu leòr dhut-sa', arsa Màiri.   e 'Chan eil gràdh agam air a-nis', arsa Catrìona. f 'Faodaidh e a dhol a-mach le Fiona bheag Nic an t-Saoir', arsa Catrìona.

Exercise 5

a Tha mi gu bàsachadh leis an fhuachd.   b Tha mi gu bàsachadh leis an sgìths.   c Bidh i gu bàsachadh leis an fharmad.   d Bha mi gu bàsachadh leis an teas.   e Tha mi gu bàsachadh leis an acras. f Bha mi gu bàsachadh leis a' phathadh.   g Tha mi gu bàsachadh leis an fhadachd.

Lesson 15

Exercise 1

1 'Se deagh nurs' a th'innte.   2 Tha droch shìde againn an dràsta. 3 'Se deagh dhuine a th'ann an Iain.   4 'Se seann dhuine a tha nam sheanair.   5 'Se seann chù a tha sin.

Exercise 2

1 Where were you born? 2 I was born in Inverness. 3 The cat gave birth to the kittens. 4 Kate was born at home. 5 Donald hadn't been born then. 6 The child hasn't been born yet. 7 Patrick was born on the first day of the year. 8 When were you born?

Exercise 3

Tha an truinnsear briste. Tha an car glaiste. Tha mo phàrantan air an nàireachadh. Tha an taigh dùinte. Tha am boireannach air a goirteachadh. Tha an t-uisge reòite. Tha an t-airgead air a chaitheamh. Tha am biadh air ithe.

Exercise 5

a Bhiodh mi (bhithinn) a' dol dhan sgoil. b Bhiodh aodach blàth oirnn. c Bhiodh sinn a' cluich air an tràigh. d Cha bhiodh mi (cha bhithinn) ag òl bainne. e Bhiodh sinn ag ithe tòrr iasg. f Am biodh do bhràthair an seo? g Cha bhiodh seo a' còrdadh riut, am biodh?

Lesson 16

Exercise 1

a laoidh b suiteas c deideagan d tiodhlac e stocainn f cairtean g teoclaid h turcaidh

Exercise 2

a Dè a fhuair thu airson na Nollaig'? b Dè a ghabhas tu? c Dè a thug thu dhi? d An do sgrìobh thu gu Santa? e An d' fhuair thu am Mercedes? f Dè a thug Iain dhut? g Cò a thug dhut a' bhideo seo? h An gabh thu uisge-beatha?

Exercise 4

1 – d 2 – f 3 – h 4 – g 5 – b 6 – c 7 – a 8 – e.

Exercise 5

a an Dàmhair   b an Dùbhlachd   c an Dùbhlachd   d an Giblean
e am Faoilleach

Exercise 6

1 fadachd   2 tiodhlac   3 dòchas   4 beatha   5 mhath   6 òl
7 fhuair   8 samhradh   9 Chàisg   10 partaidh

Grammar supplement

Lenition

Lenition – the insertion of **h** after the first letter in a word – occurs in the following situations:

- after **glè** 'very' e.g. **glè bheag** very small
- after **ro** 'too' e.g. **ro mhòr** too big
- after **a** the address form or vocative case of a noun, e.g. **a Mhàiri!** 'Mairi!' **a Sheanair!** 'Grandfather!'
- after **aon** 'one' (except words beginning with **d**, **s**, and **t**):

  aon bhalach one boy (*but* – **aon taigh** one house)

- after **dà** 'two' e.g. **dà thaigh** two houses **dà chàr** two cars
- after **mo** 'my', **do** 'your', **a** 'his'

  mo bhiadh my food **do chupa** your cup
  a bhràthair his brother

- after **gun** 'without' (except words beginning with **d**, **s**, and **t**):

  gun bhròg   without a shoe
  gun mhàthair without a mother *but*
  gun stocainn without a stocking
  gun taigh   without a house

- after the negative **cha** (except verbs beginning with **d** and **t**)

  cha bhi   will not be   **cha bhuail** will not hit
  cha sheall will not look *but* **cha tig**   will not come

- An adjective is lenited following a feminine noun, e.g. **Màiri bheag** 'little Mairi'.

l n and **r** do not show **h** for lenition.
sg, **sp**, **sm**, **st** cannot be lenited.

Nouns

Nouns are either masculine or feminine; there is no neuter gender.

The article

There is no indefinite article in Gaelic – the noun simply stands on its own:

taigh a house   **mac** a son   **pàipear** a paper

The definite article 'the' can vary depending on the initial letter of the noun, whether it is masculine or feminine, singular or plural, and what case it is in.

An is the basic singular form of the definite article before most nouns, whether masculine or feminine:

an tidsear the teacher   **an leabhar** the book
an làr   the floor

Variations are:

with masculine nouns before labials, i.e. the lip sounds **b**, **f**, **m**, and **p**, the form is **am**:

am bòrd the table   **am feur** the grass
am mac   the son   **am port** the port

with masculine nouns beginning with a vowel the form is **an t-**:

an t-eilean the island   **an t-ugh** the egg
an t-uisge the water

with feminine nouns beginning with **c**, **g**, **b**, **m**, and **p** the form is **a'** + lenition:

a' chailleach the old lady   **a' Ghàidhlig** (the) Gaelic
a' bhò   the cow   **a' mhionaid** the minute
a' phìob   the pipe

When a word beginning with **f** is lenited it takes the **an** form of the article:

an fhaoileag the seagull   **an fhuil** the blood

Feminine nouns beginning with **s** + a vowel, **sl**, **sn**, and **sr** take the form **an t-**:

an t-seacaid	the jacket	**an t-slàinte**	the health
an t-snathad	the needle	**an t-sràid**	the street

The plural form of the article is **na** for all nouns beginning with a consonant:

na balaich	the boys	**na daoine**	the people
na taighean	the houses		

and **na h-** for nouns beginning with a vowel:

na h-uighean	the eggs	**na h-adan**	the hats
na h-iuchraichean	the keys		

The genitive plural form of the article is **nan** or **nam**.

Personal pronouns + emphatic and reflexive forms

I	**mi**	**mise**	**mi fhèin**
you	**thu**	**thusa**	**thu fhèin**
he	**e**	**esan**	**e fhèin**
she	**i**	**ise**	**i fhèin**
we	**sinn**	**sinne**	**sinn fhèin**
you	**sibh**	**sibhse**	**sibh fhèin**
they	**iad**	**iadsan**	**iad fhèin**

Possessive adjectives

my	**mo** + lenition	our	**ar**
your	**do** + lenition	your	**(bh)ur**
his	**a** + lenition	their	**an**
her	**a**		

Prepositions

Simple prepositions

à/às	aig	air	ann/anns	bho/o	de	do	fo
gu	le	mu	ri	roimh/ro	troimh/tro		

Simple prepositions can be divided into two groups depending on whether they lenite the following noun or not.

1 No lenition:

à/às	aig	air	ann/anns/an	gu	le	ri

2 Lenition:

bho/o	de	do	fo	mu	roimh/ro	troimh/tro

Examples:

à baile Ghlaschù
aig taigh Dhòmhnaill
gu taobh an rathaid
o thaigh gu taigh
tro dhoras an taighe

Some of these can be joined with the definite article to form one word:

ann + an = an	**an taigh Iain**	in John's house
anns + an = san	**san taigh-òsda**	in the hotel
de + an = den/dhen		
of the	**pàirt dhen latha**	part of the day
do + an = do /dhan		
to the	**dhan sgoil**	to school
bho + an = bhon	**bhon duine**	from the man
fo + an = fon	**fon bhòrd**	under the table
ro + an = ron	**ron bhalach**	before the boy
tro + an = tron	**tron doras**	through the door

Prepositional possessives

When the possessive adjectives are combined with the prepositions **aig** and **ann** we have:

aig + mo = gam		ann + mo = nam	
aig + do = gad		ann + do = nad	
aig + a = ga		ann + a = na	
aig + a = ga		ann + a = na	
aig + ar = gar		ann + ar = nar	
aig + ur = gur		ann + ur = nur	
aig + an/am = gan/gam		ann + an/am = nan/nam	

Compound prepositions (which govern the genitive case)

airson	for	**os cionn**	above
ri taobh	beside	**mu choinneamh**	opposite
air beulaibh	in front of	**mu dheidhinn**	about
timcheall air	round about	**a dh'ionnsaigh**	towards
air cùlaibh	behind	**air mullach**	on top of
a-measg	among		

plus the simple prepositions **chun** 'to' and **thar** 'over'.

Prepositional pronouns

aig		*do*	
agam	**againn**	**dhomh**	**dhuinn**
agad	**agaibh**	**dhut**	**dhuibh**
aige	**aca**	**dha**	**dhaibh**
aice		**dhi**	

air		*le*	
orm	**oirnn**	**leam**	**leinn**
ort	**oirbh**	**leat**	**leibh**
air	**orra**	**leis**	**leotha**
oirre		**leatha**	

de		*ann/anns*	
dhiom	**dhinn**	**annam**	**annainn**
dhiot	**dhibh**	**annad**	**annaibh**
dheth	**dhiubh**	**ann**	**annta**
dhith		**innte**	

ri		*à/às*	
rium	ruinn	asam	asainn
riut	ruibh	asad	asaibh
ris	riutha	às	asda
rithe		aisde	

gu		*o/bho*	
thugam	thugainn	bhuam	bhuainn
thugad	thugaibh	bhuat	bhuaibh
thuige	thuca	bhuaithe	bhuapa
thuice		bhuaipe	

All prepositional pronouns can be emphasised by adding the emphatic and reflexive endings as added to the pronouns above.

Adjectives

Adjectives in general follow the noun they describe.

Adjectives can be either attributive or predicative: i.e. they can directly qualify the noun they describe, or else give some extra information about the noun:

attributive

Seo am balach *beag*.	Here is the little boy.
Seo an nighean *bheag*.	Here is the little girl.
Seo na balaich *bheaga*.	Here are the little boys.

An attributive adjective always agrees with the noun it describes:

predicative

Tha am balach *beag*.	The boy is small.
Tha an nighean *beag*.	The girl is small.
Tha na balaich *beag*.	The boys are small.

A predicative adjective does not change from the basic form.

Both types can be seen in: **Tha an nighean bheag snog** 'The little girl is nice'.

Preceding adjectives

A small number of adjectives precede the noun in Gaelic. They are: **deagh** 'good' **droch** 'bad' **seann** 'old' **fìor** 'genuine'.

Comparison of adjectives

The comparison of an adjective in Gaelic is formed by slendering it and adding **e** or changing it as below, and then preceding the new form with **nas** + **na** 'than' for the comparative, or **as** for the superlative. Notice that the superlative is used in some structures where the comparative would be used in English.* Note also that **tha** is always used with the comparative, and **is** /'**se** with the superlative.

	Comparative	*Superlative*
òg young	**nas òige na** younger than	**as òige** the youngest
saor cheap	**nas saoire na** cheaper than	**as saoire** the cheapest

> **Tha Iain nas òige na Màiri.**
> John is younger than Mary.

> **'Se Iain as òige den teaghlach.**
> John is the youngest of the family.

> ***'Se Iain as òige den dithis seo.**
> John is the younger of these two.

Past tense

Precede the adjective with **bu/b** and lenite words beginning with a consonant:

> **Bha Iain na b'òige na Màiri.**
> Iain was younger than Mairi.

> **B'e Iain a b'òige den teaghlach.**
> Iain was the youngest in the family.

> **B'e Iain a b'òige den dithis ud.**
> Iain was the younger of those two.

> **Bha Màiri na bu bhrèagha na Anna.**
> Mairi was prettier than Ann.

Comparative forms of common adjectives (some irregular)

aosd, sean	old	**nas sine**	as sine
àrd	high, tall	**nas àirde**	as àirde
bàn	fair	**nas bàine**	as bàine

beag	small	**nas lugha**	**as lugha**
bòidheach	beautiful	**nas bòidhche**	**as bòidhche**
dona	bad	**nas miosa**	**as miosa**
faisg	near	**nas fhaisge**	**as fhaisge**
furasta	easy	**nas fhurasta**	**as fhurasta**
geal	white	**nas gile**	**as gile**
glan	clean	**nas glaine**	**as glaine**
goirid	short	**nas giorra**	**as giorra**
math	good	**nas fheàrr**	**as fheàrr**
milis	sweet	**nas milse**	**as milse**
mòr	big	**nas motha**	**as motha**
teth	hot	**nas teotha**	**as teotha**
trom	heavy	**nas truime**	**as truime**

Some adjectives do not change, e.g. **breàgha, làidir, snog**.

Verbs

Gaelic verbs are classified as being independent or dependent.
The independent form is the form used in direct (affirmative)
statements whether in the present, past, future or conditional:

> *Tha* **mi sgìth.**
> *Chuala* **mi fuaim.**
> *Sgrìobhaidh* **mi litir.**
> *Bhuailinn* **a' chlag.**

The dependent form is the verb form used in conjunction with a
preceding word or particle on which it 'depends'. This is the case in
negative statements:

> *Chan eil* **mi sgìth.**
> *Cha do dh'òl* **mi am bainne.**

in questions:

> *A bheil* **thu sgìth?**

and in negative questions:

> *Nach eil* **thu sgìth?**

This is the form in reported speech:

> **Thuirt i** *gun robh* **i a' falbh.**
> **Thuirt e** *gum feumadh* **e falbh.**

It is also the form following the relative pronoun **a** ('who', 'which', 'that'):

> **Seo am fear *a chaidh* dhachaigh.**

The negative of this construction is **nach**:

> **Seo am fear *nach deach* dhachaigh.**

The verb 'to be' bi

Present tense

Affirmative:	**tha**		**mi**	**thu**	**e**	**i**	**sinn**	**sibh**	**iad**
Question:	**a bheil mi?**	**thu**	**e**	**i**	**sinn**	**sibh**	**iad**
Negative:	**chan eil mi,** etc.
Negative question:	**nach eil mi?,** etc.

Past tense

Affirmative:	**bha mi**		**thu**	**e**	**i**	**sinn**	**sibh**	**iad**
Question:	**an robh mi?,** etc.
Negative:	**cha robh mi,** etc.
Negative question:	**nach robh mi?,** etc.

Future

Affirmative:	**bidh mi/bithidh mi**	
	(emphatic)	**biomaid/bitheamaid**
	bidh tu, etc.	**bidh sibh,** etc.
Question:	**am bi mi?**	**am biomaid/am bitheamaid?**
	am bi thu?, etc.	**am bi sibh?,** etc
Negative:	**cha bhi mi**	**cha bhiomaid/**
		cha bhitheamaid
	cha bhi thu, etc.	**cha bhi sibh,** etc.
Negative question:	**nach bi mi?**	**nach biomaid/**
		nach bitheamaid?
	nach bi thu?, etc.	**nach bi sibh?,** etc.

Conditional

Affirmative:	**bhithinn**	**bhiomaid/bhitheamaid**
	bhiodh tu, etc.	**bhiodh sibh,** etc
Question:	**am bithinn?**	**am biomaid/am bitheamaid?**
	am biodh tu?, etc.	**am biodh sibh?,** etc.
Negative:	**cha bhithinn**	**cha bhiomaid/cha bhitheamaid**
	cha bhiodh tu, etc	**cha bhiodh sibh,** etc.
Negative question:	**nach bithinn?**	**nach biomaid/nach bitheamaid?**
	nach biodh tu?, etc.	**nach biodh sibh?,** etc.

Infinitive	**a bhith**		to be
Imperative	**bi**	**bithibh**	be
Negative imperative	**na bi**	**na bithibh**	don't be

A dependent form of the verb 'to be' is used in reported speech
and also to relate what you think, what you hope, what you say,
what you hear, and what you read.

	Affirmative	*Negative*
Present:	**gu bheil**	**nach eil**
Past:	**gun robh**	**nach robh**
Future:	**gum bi**	**nach bi**

Tha e ag radh gu bheil an cadal air.
He says (that) he is sleepy.

Thuirt i nach robh i fuar.
She said she was not cold.

Tha mi an dòchas gum bi sìde mhath ann.
I hope the weather will be good.

Chuala mi nach eil e gu math.
I heard that he is not well.

The verb 'to be' is

Is, in any of its forms, is used to say that one thing is another thing, i.e. that one noun/pronoun idea is, or is not, another noun/pronoun idea:

Is mise Catrìona.	I am Catherine.
Cha tusa an duine.	You are not the man.
'Se Iain am pìobaire.	Iain is the piper.

Present tense

Affirmative:	**is mi**	**is tu,** etc.
Question:	**am mi?**	**an tu?,** etc.
Negative:	**cha mhi**	**cha tu,** etc.
Negative question:	**nach mi?**	**nach tu?,** etc.

Past Tense

Affirmative:	**bu mhi bu tu b'e b'i bu sinn bu sibh b'iad**		
Question:	**am bu mhi?**	**am bu tu?**	**am b'e?,** etc.
Negative:	**cha bu mhi**	**cha bu tu**	**cha b'e,** etc.
Negative question:	**nach bu mhi?**	**nach bu tu?**	**nach b'e,** etc.

Is is usually shortened to **'s** so we have **'s mi**, **'s tu**, **'si**, **'se**, etc. We also have **'sann** and **b'ann** = 'it is' and 'it was':

'Sann a Muile a tha e.
B' ann an dè a rinn mi sin.

Remember **is** and **tha** are not interchangeable!

Regular verbs

The basic form of the Gaelic verb is the root. This is the part of a verb that is given first in dictionary entries and is the same word as the second person singular command:

stand = **seas** (the root)
stand = **seas** (the command)

In the infinitive a verb is preceded by a form of **do** = 'to' (**a, dh'**) i.e. the infinitive of **seas** is **a sheasamh** = 'to stand'.

Tha mi a' dol a sheasamh. = I am going to stand.

The infinitive of **òl** is **a dh'òl** = 'to drink':

Tha mi a' dol a dh'òl. = I am going to drink.

A verbal noun is a noun which is formed from a verb. It is the form given after the root of a verb in dictionaries.

A present participle consists of a verbal noun preceded **a'/ag** = 'at' and meaning 'in the act of' – translated with the 'ing' ending in English:

stand = **seasamh** (verbal noun)
standing = **a' seasamh** (present participle)

Two verbs to be careful with are **cuir** 'put' and **buail** 'hit':

root = **cuir**   verbal noun = **cur**
root = **buail**   verbal noun = **bualadh**

Verbs other than the verb 'to be' do not a have a present tense in Gaelic. The present is built up from **tha mi, tha thu**, etc. + the verbal noun.

From the root we build the past tense and the future.

Past

In verbs beginning with **b**, **c**, **d**, **g**, **m**, **p**, and **t** the root is lenited to form the past.

The same happens in verbs beginning with **f** + a consonant, **s** + a vowel, **sl** + a vowel, **sn** + a vowel, and **sp** + a vowel:

root		*past*	
buail	hit	**bhuail**	hit
caith	spend	**chaith**	spent
dùin	close	**dhùin**	closed
gabh	take	**ghabh**	took
marbh	kill	**mharbh**	killed
pòs	marry	**phòs**	married
tog	lift	**thog**	lifted
freagair	answer	**fhreagair**	answered
suidh	sit	**shuidh**	sat
sluig	swallow	**shluig**	swallowed

Verbs beginning with **l**, **n**, **r**, **sg**, **sm**, **sp**, **st** are not lenited, so the past tense remains the same as the root:

laigh lie down   **laigh** lay down
stad stop   **stad** stopped

Verbs beginning with a vowel or with an initial **f** + a vowel have **dh'** inserted in front of the root:

òl   drink   **dh'òl**   drank
èirich rise   **dh'èirich** rose
ith   eat   **dh'ith**   ate
feuch try   **dh'fheuch** tried

The negative is formed by the insertion of **cha do** before the past tense:

cha do bhuail
cha do stad
cha do dh'fheuch
cha do dh'òl

The question is formed by the insertion of **an do** before the past tense:

an do bhuail?
an do stad?
an do dh'fheuch?
an do dh'òl?

(**An do** is usually shortened to **na** in modern Gaelic.)

The negative question is formed by the insertion of **nach do** before the past tense:

nach do bhuail?
nach do stad?
nach do dh'fheuch?
nach do dh'òl?

The future of regular verbs is formed by adding **idh** to slender ending roots and **aidh** to broad ending roots:

root	*past*	*future*
buail	**bhuail**	**buailidh**
stad	**stad**	**stadaidh**
feuch	**dh'fheuch**	**feuchaidh**
òl	**dh'òl**	**òlaidh**

The negative future is

	cha bhuail	cha stad	chan fheuch	chan òl

The future question is

	am buail?	an stad?	am feuch?	an òl?

The future negative question is

	nach buail?	nach stad?	nach fheuch?	nach òl?

The conditional

buail	bhuailinn	bhuaileamaid
	bhuaileadh tu	bhuaileadh sibh
	bhuaileadh e/i	bhuaileadh iad
stad	stadainn	stadamaid
	stadadh tu	stadadh sibh
	stadadh e/i	stadadh iad
feuch	dh'fheuchainn	dh'fheuchamaid
	dh'fheuchadh tu	dh'fheuchadh sibh
	dh'fheuchadh e/i	dh'fheuchadh iad

The conditional question	**am buailinn?**, etc.
The conditional negative	**cha bhuailinn,** etc.
The conditional negative question	**nach buailinn?**, etc.

Irregular verbs

There are ten irregular verbs in Gaelic. These are termed irregular as some tenses are not formed directly from the root. This results in varying forms for the different tenses.

Independent forms

Root	Verbal noun		Past	Future	Conditional
abair/can	say	**ag radh**	**thuirt mi**	**their/canaidh**	**theirinn/**
				chanainn	
beir	catch, bear	**a' breith**	**rug mi**	**beiridh**	**bheirinn**
cluinn	hear	**a' cluinntinn**	**chuala**	**cluinnidh**	**chluinninn**
dèan	do	**a' dèanamh**	**rinn**	**nì**	**dhèanainn**
faic	see	**a' faicinn**	**chunnaic**	**chì**	**chithinn**
faigh	get	**a' faighinn**	**fhuair**	**gheibh**	**gheibhinn**
rach	go	**a' dol**	**chaidh**	**thèid**	**rachainn/**
					dheidhinn
ruig	reach	**a' ruighinn**	**rainig**	**ruigidh**	**ruiginn**
thig	come	**a' tighinn**	**thàinig**	**thig**	**thiginn**
thoir	take	**a' toirt**	**thug**	**bheir**	**bheirinn**

Dependent forms

abair/can

Past	an d'thuirt mi?	cha d'thuirt mi	nach d'thuirt mi?
Future	an can mi?	cha their mi/	nach can mi?
		cha chan mi	
Conditional	an canainn?	cha theirinn/	nach canainn?
		cha chanainn	
	an canadh tu?	cha theireadh tu/	nach canadh tu?
		cha chanadh tu	

beir

Past	an do rug?/	cha do rug mi	nach do rug mi?
	na rug mi?		
Future	am beir mi?	cha bheir mi	nach beir mi?
Conditional	am beirinn?	cha bheirinn	nach beirinn?
	am beireadh tu?	cha bheireadh tu	nach beireadh tu?

cluinn

Past	an cuala mi?	cha chuala mi	nach cuala mi?
Future	an cluinn mi?	cha chluinn mi	nach cluinn mi?
Conditional	an cluinninn?	cha chluinninn	nach cluinninn?
	an cluinneadh tu?	cha chluinneadh tu	nach cluinneadh tu?

dèan

Past	an do rinn mi?/	cha do rinn mi	nach do rinn mi?
	na rinn mi?		
Future	an dèan mi?	cha dèan mi	nach dèan mi?
Conditional	an dèanainn?	cha dèanainn	nach dèanainn?
	an dèanadh tu?	cha dèanadh tu	nach dèanadh tu?

faic

Past	am faca mi?	chan fhaca mi	nach fhaca mi?
Future	am faic mi?	chan fhaic mi	nach fhaic mi?
Conditional	am faicinn?	chan fhaicinn	nach fhaicinn?
	am faiceadh tu?	chan fhaiceadh tu	nach fhaiceadh tu?

faigh

Past	an d'fhuair mi?	cha d' fhuair mi	nach d' fhuair mi?
Future	am faigh mi?	chan fhaigh mi	nach fhaigh mi?
Conditional	am faighinn?	chan fhaighinn	nach fhaighinn?
	am faigheadh tu?	chan fhaigheadh tu	nach fhaigheadh tu?

rach

Past	an deach mi?	cha deach mi	nach deach mi?
Future	an tèid mi?	cha tèid mi	nach tèid mi?
Conditional	an deidhinn?	cha deidhinn	nach deidhinn?
	an deidheadh tu?	cha deidheadh tu	nach deidheadh tu?

ruig

Past	an do ràinig?/ na ràinig?	cha do ràinig	nach do ràinig?
Future	an ruig?	cha ruig	nach ruig?
Conditional	an ruiginn?	cha ruiginn	nach ruiginn
	an ruigeadh tu?	cha ruigeadh tu	nach ruigeadh tu?

thig

Past	an tàinig?	cha tàinig	nach tàinig?
Future	an tig?	cha tig	nach tig?
Conditional	an tiginn?	cha tiginn	nach tiginn?
	an tigeadh tu/ e/i?	cha tigeadh tu/ e/i	nach tigeadh tu/ e/i/?
	an tigeamaid?	cha tigeamaid	nach tigeamaid?

thoir

Past	an tug?	cha tug	nach tug?
Future	an toir?	cha toir	nach toir?
Conditional	an toireadh?	cha toireadh	nach toireadh?

A past participle is an adjective formed by adding **te/da/ta** to the root of a verb:

dùin	**dùinte**	closed	**fosgail**	**fosgailte**	open
pòs	**pòsda**	married	**mill**	**millte**	spoilt
	(pòsta)		**dèan**	**dèanta**	done, made

Adverbs

An adverb gives extra information about a verb.

Some are formed by preceding an adjective with **gu**:

gu math   well
gu dòigheil happy

Some specify a time or place:

an-dràsta	now
a-màireach	tomorrow
suas	up
sios	down

Demonstratives

Distance	Pronouns	Adverbs	Adjectives
near	**e/i/iad seo** this one/these ones	**an seo** here	**seo** this
middle	**e/i/iad sin** that one/those ones	**an sin** there	**sin** that
far	**e/i/iad siud** yonder one/ yonder ones	**an siud** yonder	**siud/ud** that

Noun cases

Gaelic nouns show changes in spelling according to their position in a sentence and their relationship with other words in the sentence. These relationships are called 'cases'. The four cases are nominative, vocative, dative and genitive.

1 The nominative is the basic form of the word used when the noun is the subject or object of a sentence:

am balach the boy   **an taigh** the house
a' chailleach the old lady

2 The vocative is the form used to address someone by name. The noun is preceded by the equivalent of the English address form 'O' – **a** in Gaelic.
Feminine nouns are lenited:

a Mhàiri! Mairi!   **a Chatrìona!** Catherine!
a Mhairead! Margaret!

Masculine nouns are lenited and also slenderised, i.e. an **i** is inserted before the final consonant:

   a Dhòmhnaill! Donald!   **a Sheumais!** James!

Names beginning with a vowel drop the **a**:

Anna!	Ann!	**Iomhair!**	Ivor!
Angus!	Aonghais!	**Iain!**	Iain!

3 The dative is the form used after a simple preposition such as **air**, **ann**, **do**, etc.
   Some of the changes which occur in the dative are:
   Masculine nouns beginning with a vowel drop the **t-**, e.g. **an t-eilean**, **anns an eilean**, 'in the island'.
   Feminine nouns are slenderised in the final vowel, e.g. **an làmh**, **nam làimh**, 'in my hand'.
   Words ending in **a** or **e** don't change, e.g. **a' chaora**, **leis a' chaora**, 'with the sheep'; **am baile**, **anns a' bhaile**, 'in the town'.

4 The genitive occurs in these four situations:
   a when one noun is in a relationship with another which shows possession/belonging, or is the equivalent of 'of' in English:

cas a' choin	the dog's leg
obair-sgoile	schoolwork

   b when a noun is preceded by a compound preposition:

airson a' bhalaich	for the boy
os cionn an taighe	above the house

   c when a noun is preceded by the infinitive of a verb:

a dhùnadh an dorais	to close the door
a dh'iarraidh a' chait	to find the cat

   d when a noun is preceded by a present participle/verbal noun:

a' glanadh nam bùird	cleaning the tables
a' togail a' phàipeir	lifting the paper
cluiche chairtean	card-playing
togail-dhealbh	photography

Regular nouns fall into groups or declensions (depending on the initial letter and gender) which determine the changes which occur in each case. There are also some nouns which are irregular. These are easily recognised, and can be memorised.

Sample declensions

am balach (m.)

	singular	*plural*
N	am balach	na balaich
G	a' bhalaich	nam balach
D	a' bhalach	na balaich

am ministear (m.)

N	am ministear	na ministearan
G	a' mhinisteir	nam ministearan
D	a' mhinistear	na ministearan

a' bhròg (f.)

N	a' bhròg	na brògan
G	na bròige	nam bròg(an)
D	a' bhròig	na brògan

an cat (m.)

N	an cat	na cait
G	a' chait	nan cat
D	a' chat	na cait

an Gaidheal (m.)

N	an Gaidheal	na Gaidheil
G	a' Ghaidheil	nan Gaidheal
D	a' Ghaidheal	na Gaidheil

a' chailleach (f.)

N	a' chailleach	na cailleachan
G	na caillich(e)	nan cailleachan
D	a' chaillich	na cailleachan

an doras (m.)

N	an doras	na dorais
G	an dorais	nan dorsan
D	an doras	na dorsan

taigh (m.)

N	an taigh	na taighean
G	an taighe	nan taighean
D	an taigh	na taighean

làmh (f.)

N	an làmh	na làmhan
G	na làimhe	nan làmhan
D	an làimh	na làmhan

each (m.)

N	an t-each	na h-eich
G	an eich	nan each
D	an each	na h-eich

eilean (m.)

N	an t-eilean	na h-eilein
G	an eilein	nan eilean
D	an eilean	na h-eilein

uinneag (f.)

N	an uinneag	na h-uinneagan
G	na h-uinneige	nan uinneagan
D	an uinneig	na h-uinneagan

sràid (f.)

N	an t-sràid	na sràidean
G	na sràide	nan sràidean
D	an t-sràid	na sràidean

Nouns of kinship

i.e. family relationships end in **ar** in the genitive:

**athair – athar; màthair – màthar; bràthair – bràthar;
piuthar – peathar; seanair – seanar; seanmhair – seanmhar**

Indefinite pronouns

cuid	some	**càil**	anything
cuideigin	someone	**gin**	none (with a negative)
rudeigin	something	**uile**	all
rud sam bith	anything	**càch**	the rest
feareigin	someone (male)	**feadhainn**	some people
tè-eigin	someone (female)		

English–Gaelic glossary

Please note that the following abbreviations are used in the glossaries: pol. = polite, inf. = informal.

a.m.	**sa' mhadainn**	alive	**beò**
about	**mu**	all	**uile**
about	**mu thimcheall, mu dheidhinn**	allotment, croft	**lot** (f.)
about her	**uimpe**	(I) almost	**theub (mi)**
about him	**uime**	also	**cuideachd**
about me	**umam**	am, are, is	**is, tha**
about them	**umpa**	am, are, is not	**chan eil**
about us	**umainn**	am, is, are?	**a bheil?**
about you	**umad**	America	**Amaireaga**
about you (pl./pol.)	**umaibh**	American	**Amaireaganach**
above	**os cionn**	and	**(agus) is**
abroad	**thall thairis**	anger	**cais** (f.)
accident	**tubaist** (f.)	animal	**beathach** (m.), **beathaichean**
accountant	**cunntasair** (m.)	any	**gin** (f.)
acquainted with	**eòlach air**	anything	**càil** (m.); **gin** (f.), **rud sam bith**
add to	**cuir ri**		
address	**seòladh** (m.)		
address vocative form	**a + name**	anyway	**co-dhiù**
		appearance	**coltas** (m.)
advertisement	**sanas-reic** (m.)	apple juice	**sùgh ubhal** (m.)
advice	**comhairle** (f.)	April	**an Giblean**
after	**an deidh**	April Fool's Day	**Là na Gocaireachd**
afternoon	**feasgar** (m.)		
again	**a-rithist**	apron	**aparan** (m.)
age	**aois** (f.)	armchair	**sèithir mor**
air	**àidhear** (f.)	army	**armailt** (m.)
airmail	**post-adhair** (m.)	around	**timcheall**
airport	**port-adhair** (m.)	arrived	**ràinig**
alcohol	**deoch-làidir** (f.)	as . . . as	**cho . . . ri**

ask, asking	**faighnich, faighneachd**	balloons	**balùinean** (m.pl.)
ask, asking	**iarr, iarraidh**	bank	**banca** (m.), **bancaichean**
association, society	**comann** (m.), **comainn**	bargain	**bargan** (m.)
		bark (of dog)	**comhart** (m.)
at	**aig**	barley bread	**aran eòrna** (m.)
at her	**aice**	barn	**sabhal** (m.), **saibhlean**
at her, at its	**ga**	Barra	**Barraigh**
		basket	**bascaid** (f.)
at him	**aige**	battle	**blàr**
at me	**agam**	be quiet	**isd, isdibh**
at my	**gam**		
at our	**gar**	beach, tide	**tràigh**
at their	**gam**	beard	**feusag** (f.), **feusagan**
at their	**gan**		
at them	**aca**	beast	**biast** (f.)
at us	**againn**	beautiful	**àlainn, brèagha**
at you	**agad**		
at you (pl./pol.)	**agaibh**	because	**oir**
at your	**gad**	bed	**leabaidb** (f.), **leapannan**
at your (pl./pol.)	**gur**		
attractive	**bòidheach**	bed linen	**aodach-leap** (m.)
aunt	**antaidh** (f.), **antaidhean**	bee	**seillean** (m.)
		beer	**leann** (m.)
Australia	**Astràilia**	before her	**roimpe**
Australian	**Astràilianach**	before me	**romham**
autumn	**am Foghar**	before them	**romhpa**
avenue	**craobh-shràid** (f.)	before us	**romhainn**
away	**air falbh**	before you	**romhad**
awful	**uabhasach**	before you (pl./pol.)	**romhaibh**
back	**cùl** (m.), **drùim** (m.), **dromannan**	before, before him/it	**roimhe**
backside	**màs** (m.)	begin, beginning	**tòisich, tòiseachadh, a' tòiseachadh**
backside, bottom	**tòn** (f.)		
bad	**dona, droch**	belief	**creideamh** (m.)
		believe, believing	**creid, creidsinn, a' creidsinn**
bag	**baga** (m.)		
bagpipes	**pìob** (f.)		
bald	**maol**	bell	**clag** (m.), **clagan**

bent over	**crùbach**	bookshop	**bùth-**
beside	**ri taobh**		**leabhraichean**
better	**nas fheàrr**		**(f.)**
between	**eadar**	bottle	**botal** (m.),
Bible	**Bioball** (m.)		**botail**
bicycle	**bàidhsagal** (m.)	box	**bocsa** (m.),
big	**mòr**		**bocsaichean**
birth,	**breith**	boy	**balach** (m.),
giving birth to			**balaich**
birthday	**latha-breith** (m.),	bread	**aran** (m.)
	là-breith,	break,	**bris,**
	co-là-breith	breaking	**briseadh**
	(m.)	breast,	**broilleach** (m.)
biscuit	**brioscaid** (f.)	chest	
bite,	**bìd,**	bridge	**drochaid** (f.),
biting	**bìdeadh**		**drochaidean**
black	**dubh**	broken	**briste**
blame, fault	**coire** (f.)	broom	**squab** (f.)
blanket	**plaide** (f.),	brose	**pròs** (m.)
	plaidichean	broth	**brot** (m.)
blessing	**beannachd** (f.)	brother	**bràthair** (m.),
blind	**dall**		**bràithrean**
blouse	**blobhsa** (m.)	brother-in-law	**bràthair-cèile**
blue	**gorm**		**(m.)**
boast,	**bòsd,**	brought	**thug**
boasting	**bòsdadh**	brown	**donn**
boat	**bàta, bàtaichean,**	bull	**tarbh** (m.),
	eathar (f.),		**tairbh**
	eathraichean	busy	**trang**
bobbin	**boban** (m.),	but	**ach**
	bobain,	butter	**ìm** (m.)
	bobannan	button	**putan** (m.),
body	**corp** (m.),		**putanan**
	cuirp	buy	**ceannaich,**
boil,	**bruich,**		**ceannach**
boiling	**bruiche**	bye for now	**mar sin leat,**
bone	**cnàimh** (m.),		**leibh**
	cnàmhan	byre	**bàthach** (f.)
bonnet	**bonaid** (m.),	cabbage	**càl** (m.)
	bonaidean	cairn	**càrn** (m.), **cùirn**
book	**leabhar** (m.),	cake	**cèic** (f.), **cèicean,**
	leabhraichean		**cèicichean**

calf	**laogh** (m.), **laoigh**	Christmas stocking	**stocainn Nollaig'**
Callanish Stones (Lewis)	**Clachan Chalanais**	church	**eaglais** (f.), **eaglaisean**
calm	**ciùin**	cinema	**taigh-dhealbh** (m.)
came	**thàinig**		
camp, camping	**campaich, campachadh, a' campachadh**	city	**baile-mòr**
		clean	**glan**
Canada	**Canada**	clear	**soilleir**
candle	**coinneal** (f.)	clerk	**clèireach** (m.)
cannot	**chan urrainn do**	climb, climbing	**sreap, a' sreap**
car	**càr, càraichean**	clock	**gleoc** (m.), **cleoc** (m.) **gleocaichean**
careful	**cùramach**	close,	**dùin,**
carrot	**curran** (m.), **curranan**	closing	**dùnadh**
		closed	**dùinte**
cart-horse	**each-cairt** (m.)	cloth	**clùd** (m.)
castle	**caisteal** (m.)	clothes	**aodach** (m.), **aodaichean**
cat	**cat** (m.), **cait**		
cattle	**crodh** (m.), **mairt** (pl.)	cloud	**sgòth** (f.), **sgòthan**
certainly	**gu deimhinn**	cloudy	**sgòthach**
chair	**cathair** (f.), **cathraichean, sèithir** (m.), **seithrichean**	coal	**gual** (m.)
		coat	**còta** (m.), **còtaichean**
		coffee	**cofaidh** (m.)
chance, opportunity	**cothrom** (m.)	coke	**còc** (m.)
		cold (illness)	**cnatan** (m.)
change	**atharrachadh** (m.)	cold (weather)	**fuachd** (m.)
		collar	**coileir** (m.), **coileirean**
cheap	**saor**		
cheers!	**slàinte!**	collecting	**a' cruinneachadh**
cheese	**càise** (m.)	Colonsay	**Colbhasa** (m.)
chess	**tàileasg** (m.)	colour	**dath** (m.), **dathan**
child	**leanabh** (m.)		
children	**clann** (f.)	comb	**cìr** (f.), **cìrean**
chimney	**simileir** (m.)	comfortable	**comhfhurtail**
chocolates	**teoclaidean** (m.)	coming	**a' tighinn**
Christmas	**an Nollaig'**	company	**companaidh** (m.)
Christmas cards	**cairtean Nollaig'**	completely	**gu lèir**

computer	coimpiutair (m.)	dance,	danns,
condition	cor (m.)	dancing	dannsa (m.),
content	sona		a' dannsa
cook	còcaire (m.),	dangerous	cunnartach
	ban-chòcaire	dark,	dorch
	(f.)	dark-haired	
cookery	còcaireachd (f.)	darkness	dorchadas (m.)
coughing	a' casadaich	day	latha,
court	cùirt (f.)		là (m.),
cousin	co-ogha (m.),		làithean
	co-oghaichean	deaf	bodhar
cove	geodha (m.),	dear,	m'eudail,
	geodhaichean	darling	mo luaidh
cover	cuibhrig (m.),	death	bàs (m.)
	cuibhrigean	deep	domhainn
cow	bò (f.),	deer	fiadh (m.),
	crodh		fèidh
crab	crùbag (f.),	definite article	a', am, an, ant-,
	crùbagan		na, nan,
cream	bàrr (m.)		nam (gen.)
creature	creutair (m.),	dentist	fear nam fiaclan
	creutairean	desk	deasc (f.),
credit card	cairt-chreideis (f.)		deascaichean
crescent,	cearcall (m.),	dictionary	faclair (m.),
circuit	cearcaill		faclairean
croft	croit (f.)	did,	rinn
crofter	croitear (m.)	made	
crowdie,	gruth (m.)	didn't . . . ?	nach do?
cottage cheese		die,	bàsaich,
crying	a' caoineadh,	dying	bàsachadh
	a' rànail	difference	diofar (m.)
Culloden	Cuil-Lodair	dinner	dìnnear (f.),
cup	cupa,		dìnnearan
	cupan (m),	dish	soitheach (m.),
	cupannan		soithichean
cupboard	preas (m.),	distress	èiginn (m.)
	preasan	ditch	dìg (f.), dìgean
curtain	cùirtear	do/make,	dèan,
cut	geàrr,	doing/making	dèanamh
	gearradh (m.)	doctor	doctair (m.),
cycling	a'		dotair
	baidhsagalachd	dog	cù (m.), coin

door	**doras** (m.), **dorsan**	eighty	**ceithir fichead**
doubt	**teagamh** (m.)	elbow	**uileann** (f.)
down (movement)	**sìos**	electricity	**cumhachd an dealain**
down (location)	**shìos**	embarrassed, ashamed	**air (mo) nàireachadh**
drawer	**drathair** (f.), **drathraichean**	embroidery	**obair-ghrèis** (f.)
dress	**dreasa** (f.), **dreasaichean**	empty	**falamh**
		end	**deireadh** (m.)
dresser (furniture)	**dreasair** (m.)	engineer	**innleadair** (m.)
dressing-table	**bòrd-sgeadachaidh** (m.)	England	**Sasainn**
		English, Englishman	**Sasannach**
drink, drinking	**òl, ag òl, deoch** (f.), **deochan**	enough	**gu leòr**
		envy	**farmad** (m.)
		equal, like	**leithid** (f.)
driver	**dràibhear** (m.)	every	**a h-uile, gach**
drum	**druma** (f.), **drumaichean**	excuse me	**gabh mo leisgeul**
dry	**tioram**	expensive	**daor**
duck	**tunnag** (f.)	eye	**sùil** (f.), **sùilean**
Dunvegan	**Dùn Bheagan**	face	**aghaidh** (f.), **aghaidhean**
dying	**a' bàsachadh**		
each other	**chèile**	fair	**bàn**
ear	**cluas** (f.), **cluasan**	faithful	**dìleas**
		fall, falling	**tuit, tuiteam**
early	**tràth**	fallen out, quarrelled	**a-mach air a chèile**
east	**an ear**		
Easter	**a' Chàisg** (f.)	familiar with	**eòlach air**
easy	**furasta**	family	**teaghlach** (m.)
eating	**ag ithe**	fare	**faradh** (m.)
Edinburgh	**Dùn Eideann**	farmer	**tuathanach** (m.)
eel	**easgann** (f.), **easgannan**	fashion	**fasan** (m.), **fasanan**
egg	**ugh** (m.), **uighean**	fast	**luath**
		fat	**reamhar, tiugh**
eight	**ochd**		
eight people	**ochdnar**	father	**athair** (m.), **athraichean**
eighth	**an t-ochdamh**		

Father Christmas	**Bodach na Feusaig, Bodach na Nollaig'**	for ever for, in order to	**a chaoidh airson**
father-in-law	**athair-cèile** (m.)	forehead	**maoil** (f.)
fear	**eagal** (m.)	forget	**dìochuimhnich**
feel, feeling	**fairich, faireachdainn**	fork	**forca** (f.), **forcan, forcaichean**
ferry	**aiseag** (f.), **aiseagan**	fortunate	**fortanach**
		four	**ceithir**
festival	**fèis** (f.), **fèisean**	four people fourteen	**ceathrar ceithir deug**
field	**achadh** (m.)	fox	**sionnach** (m.)
fifty	**leth-cheud**	free of charge	**an asgaidh**
fine, happy	**dòigheil**	freezer Friday	**reothadair** (m.) **Dihaoine**
finger	**corrag, corragan, meur, meuran**	friend friendly	**caraid** (m./f.), **caraidean càirdeil**
finish, finishing	**crìochnaich, crìochnachadh**	from	**o, bho on**
fire	**teine** (m.), **teintean**	from her from him	**uaipe uaithe**
first	**an toiseach**	from me	**uam**
fish	**iasg** (m.)	from them	**uapa**
fisherman	**iasgair** (m.)	from us	**uainn**
fishing	**iasgach**	from where?	**co às?**
five	**còig**	from you	**uaibh, uat**
five people	**còignear**	frozen	**reòite**
flag, banner	**bratach** (f.)	full Gael	**làn Gaidheal**
flood	**tuil** (f.)	Gaelic	**Gàidhlig** (f.)
floor	**làr** (m.)	game	**gèam** (m.),
flour bread, scones	**aran flùir** (m.)		**geamachan, geamanan**
fly	**cuileag** (f.), **cuileagan**	garden	**gàrradh** (m.), **leas** (f.)
food	**biadh** (m.)	gardening	**a' gàradaireachd,**
fool	**amadan** (m.)		**gàirneilearachd**
foot, leg	**cas** (f.), **casan**	get,	**(f.) faigh,**
football	**ball-coise** (m.)	getting	**faighinn**

get drunk	**gabh an deoch**	gun	**gunna** (m.)
get up,	**èirich,**	hair	**falt** (m.)
rising	**èirigh**	hairbrush	**bruis-fuilt** (f.)
gift	**tìodhlac** (m.),	hairdresser	**gruagaire** (m./f.)
	tìodhlacan	half	**leth**
girl	**caileag** (f.),	half an hour	**leth-uair** (f.)
	caileagan	hall	**talla** (f.)
girl,	**nighean** (f.)	Halloween	**Oidhche**
daughter			**Shamhna**
give,	**thoir,**	ham	**hama** (f.)
giving	**thoirt**	hamlet,	**clachan** (m.)
Glasgow	**Glaschù**	village	
glass,	**glainne** (f.),	hand	**làmh** (f.),
glasses	**glainneachan**		**làmhan**
	(m.)	handkerchief	**neapraig** (f.)
glen	**gleann** (m.),	handsome	**eireachdail**
	glinn	hang,	**croch,**
Glencoe	**Gleann Comhan**	hanging	**crochadh**
glove	**miotag** (f.),	happy	**subhach,**
	miotagan		**toilichte**
go,	**falbh, rach,**	hard,	**cruaidh**
going	**dol**	cruel	
go away	**fhalbh (thalla)**	harp	**clàrsach** (f.),
go on!	**siuthad**		**clàrsaichean**
God	**Dia**	Harris Tweed	**Clò Hearach**
golf	**golf** (m.)	harvest,	**buain**
good	**deagh,**	reap	
	math	hat	**ad** (f.),
good morning	**madainn**		**adan**
	mhath	he, it	**esan, e**
got	**fhuair**	head	**ceann** (m.),
grandchild	**ogha** (m.),		**cinn**
	oghaichean	headscarf	**beannag** (f.)
grandfather	**seanair** (m.)	health	**slàinte** (f.)
grandmother	**seanmhair** (f.)	healthy	**fallain**
grass	**feur** (m.)	hear,	**cluinn,**
green	**uaine**	hearing	**cluinntinn**
grey	**glas**	heard	**chuala**
grey-haired	**liath**	heart	**cridhe** (m.),
grow,	**fàs,**		**cridheachan**
growing	**a' fàs**	heather	**fraoch** (m.)
guitar	**giotàr** (m.)	heavy	**trom**

hello	**halò**	house	**taigh** (m.),
help	**cuidich,**		**taighean**
	cuideachadh	housewife	**bean-taighe** (f.)
hen	**cearc** (f.),	how?	**ciamar?,**
	cearcan		**cionnas?**
her	**a**	however	**ge-tà**
here you are	**seo dhut**	hunger	**acras** (m.)
herself	**i fhèin**	hurry	**cabhag** (f)
high school,	**àrd-sgoil** (f.)	hurry up	**greas ort,**
secondary			**greasaibh**
school			**oirbh**
high, tall	**àrd**	hurt	**ciùrr** (v),
the Highlands	**a' Ghaidheal-**		**goirtich,**
	tachd		**goirteachadh**
hill	**beinn** (f.)	husband	**duine** (m.)
hillock,	**cnoc** (m.),	hymn	**laoidh** (f.),
knoll	**cnuic**		**laoidhean**
himself	**e fhèin**	I	**mi,**
his	**a** + lenition		**mise**
history	**eachdraidh** (f.)	I didn't come	**cha tàinig mi**
hit,	**buail,**	I didn't get	**cha d' fhuair mi**
hitting	**bualadh**	I didn't give	**cha tug mi**
Hogmanay,	**a' Challainn**	I didn't go	**cha deach mi**
New Year's		I didn't hear	**cha chuala mi**
Eve		I didn't say	**cha tuirt mi**
hold, grip	**grèim** (m.)	I don't like	**cha chaomh**
holidays	**saor-làithean**		**leam,**
	(m.),		**cha toigh leam**
	làithean-saora	I wasn't	**cha robh mi**
	(m.)	I won't come	**cha tig mi**
home	**dachaigh** (f.),	I won't give	**cha toir mi**
	dachaighean	I won't go	**cha teid mi**
(to) home	**dhachaigh**	ice	**deigh** (f.)
homesickness	**cianalas** (m.)	ice-cream	**reòieag** (f.)
hope	**dòchas** (m.)	if	**ma**
horse	**each** (m.),	in	**ann/anns**
	eich	in front of	**air beulaibh**
hospital	**ospadal** (m.)	in her	**innte,**
hot	**teth**		**na h-**
hotel	**taigh-òsda** (m.)	in his/her	**na**
hour, time,	**uair** (f.),	in me	**annam**
hours, times	**uairean** (f.)	in my	**nam**

in our	**nar**	kick	**breab** (m.)
in the	**san, sa**	kill,	**marbh,**
in their	**nam, nan**	killing	**marbhadh**
in them	**annta**	kilo	**cilo** (m.)
in us	**annainn**	kilt	**fèileadh** (m.)
in you	**annad**	king	**rìgh** (m.)
in you (pl./pol.)	**annaibh**	kitchen	**cidsin** (m.)
in your	**nad**	kitten	**piseag** (f.),
in your (pl./pol.)	**nur**		**piseagan**
indeed	**gu dearbh**	knee	**glùin** (f.),
indifferent	**coma**		**glùinnean**
influenza	**fliù**	knife	**sgian** (f.),
inside	**a-stigh**		**sgeinean**
international	**eadar-nàiseanta**	lack,	**dìth** (m.)
interview	**agallamh** (m.)	need	
invitation	**cuireadh** (m.),	ladder	**fàradh** (m.)
	cuiridhean	lamb	**uan** (m.),
Iona	**Eilean I**		**uain**
Ireland	**Eirinn**	lame,	**cuagach**
is it?	**an ann?, an e?**	limping	
island	**eilean** (m.),	lamp	**làmpa** (f.),
	eileanan		**làmpaichean**
Islay	**Ile** (f.)	land	**dùthaich** (f.),
isn't he/it/she?	**nach e?, i?**		**fearann** (m.),
it isn't	**chan ann,**		**tìr** (f.)
	chan e	language	**cànan** (m.),
it was, was	**bu, b'e**		**cànanan**
Italy	**an Eadailt** (f.)	last night	**a-raoir**
Italian	**Eadáilteach**	late	**fadalach**
jacket	**seacaid** (f.),	laughing	**a' gàireachdainn**
	seacaidean	lawyer	**fear-lagha** (m.)
jam	**silidh** (m)	leaf,	**duilleag** (f.),
joiner	**saor** (m.)	page	**duilleagan**
journey	**cuairt** (f.)	learn,	**ionnsaich,**
juice	**sùgh** (m.)	learning	**ionnsachadh,**
just	**dìreach**		**ag**
keep,	**cum,**		**ionnsachadh**
keeping	**cumail**	leave,	**thalla,**
kettle	**coire** (m.),	leaving	**a' falbh**
	coirichean	left (side)	**clì**
key	**iuchair** (f.),	left hand	**làmh cheàrr,**
	iuchraichean		**làmh chlì**

lemon juice	**sùgh liomain** (m.)	many, much	**iomadh, mòran**
letter	**litir** (f.), **litrichean**	married	**pòsda**
Lewis	**Leòdhas** (m.)	marry, marrying, marriage	**pòs, pòsadh, a pòsadh**
library	**leabhar-lann** (f.)	marvellous, amazing	**iongantach**
lie, lying	**laigh, laighe**		
life	**beatha** (f.)	marvellous, wonderful	**miorbhaileach**
lift, lifting	**tog, togail**	mask	**aghaidh choimheach** (f.)
light	**solas** (m.), **solais**	master, Mr	**maighstir** (m.), **Mgr**
lightning	**dealanach** (m.)	mathematics	**matamataigs** (f.)
listen, listening	**èisd, èisdeachd, ag eisdeachd**	may not	**chan fhaod**
		may?	**am faod?**
a little	**beagan**	mean, meaning	**ciallaich, ciallachadh, ciall**
little bird, chick	**isean** (m.), **iseanan**		
loch, lake	**loch** (m.), **lochan**	mean, wretched	**suarach**
locked	**glaiste**	meat	**feòil** (f.)
London	**Lunnainn**	meet, meeting	**coinnich, coinneachadh**
lonely	**aonranach**		
long, far	**fada**	memory	**cuimhne** (f.)
		menu	**clàr-bidhe** (m.)
longing	**fadachd** (m.)	merry, hearty	**cridheil**
look, looking	**seall, sealltainn, a' coimhead**	middle	**meadhan** (m.)
		middling, not too well	**meadhanach**
lose, losing	**caill, call**	mile, thousand	**mìle** (f.), **mìltean**
loss	**call** (m.)		
a lot	**mòran**	milk	**bainne** (m.)
love	**gràdh** (m.)	minister	**ministear** (m.), **ministearan**
low	**ìosal**		
lunch	**diathad** (f.)	minute	**mionaid** (f.), **mionaidean**
maiden, miss	**maighdean** (f.)		
man	**fear** (m.), **fir,**	mirror	**sgàthan** (m.)
man, husband	**duine** (m.), **daoine**	miserable, in a bad way	**truagh**

mist, fog	**ceò** (m.)	neck	**amhaich** (f.)
mocking	**a' fanaid**	neighbour	**nàbaidh** (m.),
Monday	**Diluain**		**nàbaidhean**
money	**airgead** (m.)	new	**ùr**
month	**mìos** (f.),	New Year's Eve,	**Oidhche na**
	mìosan	Hogmanay	**Bliadhn' Uir**
moor	**mòinteach** (f.)	nice	**snog**
more	**barrachd,**	night	**oidhche** (f.),
	tuilleadh		**oidhcheannan**
morning	**madainn** (f.)	nightgown	**gùn-oidhch'** (m.)
most often	**mar is trice**	nine	**naoi**
mother	**màthair** (f.)	nine people	**naoinear**
mother-in-law	**màthair-chèile**	noise	**fuaim** (m.)
	(f.)	nonsense rhyme	**rabhd** (m.),
mountain pass	**bealach** (m.)		**rabhdan**
mountain,	**beinn** (f.),	nose	**sròn** (f.)
hill	**beanntan**	note (pound)	**not** (m.),
mouse	**luch** (f.),		**notaichean**
	luchainn	now	**a-nis,**
moustache	**stais** (f.)		**an-dràsta**
mouth	**beul** (m.)	now and again	**an-dràsta 's**
mouth of a river	**inbhir** (m.)		**a-rithist**
mouthful	**balgam** (m.)	number	**àireamh** (f.)
movement	**a-steach**	nurse	**banaltrum** (f.),
inwards			**nursa** (f.),
movement	**a-mach**		**nursaichean**
outwards		nut	**cnò** (f.),
Mrs	**Banamhaighstir,**		**cnothan**
	Bean-Phòsda	oatcake	**aran coirce** (m.)
Mull	**Muile** (m.)	oats	**coirce** (m.)
museum	**taigh-tasgaidh**	ocean	**cuan** (m.),
	(m.)		**cuantan**
music	**ceòl** (m.)	of	**de**
must,	**feumaidh,**	of her, off her	**dhith**
must?	**am feum?**	of him, off him	**dheth**
my	**m'/mo**	of me, off me	**dhiom**
my darling	**m'eudail**	of them,	**dhiubh**
myself	**mi fhèin**	off them	
name	**ainm** (m.),	of time	**a thìde**
	ainmean	of us, off us	**dhinn**
near (to)	**faisg** (air)	of you (pl./pol.),	**dhiobh,**
near at hand	**faisg air làimh**	of you, off you	**dhiot**

office	**oifis** (f.)	over (away from)	**a-null**
oil	**ola** (f.)	over there	**thall**
old	**aosda,**	over to	**a-null**
	sean,	over towards	**a-nall**
	seann	over,	**seachad**
old man	**bodach** (m)	finished	
old woman	**cailleach** (f.),	owl	**cailleach-oidhche**
	cailleachan		(f.)
on	**air**	pain	**pìan** (m.)
on her	**oirre**	painter, artist	**peantair** (m.)
on him	**air**	painting	**a' peantadh**
on me	**orm**	pair	**paidhir** (m.)
on them	**orra**	parents	**pàrantan**
on us	**oirnn**	party	**pàrtaidh** (m.)
on you (pl./pol.)	**oirbh,**	path	**staran** (m.)
on you	**ort**	penny	**sgillinn** (m.),
(sing./inf.)			**sgillinn,**
one	**aon**		**sgilleanan**
one hundred	**ceud** (m.),	people	**daoine** (m.)
	ceudan	Perth	**Peairt**
one o'clock	**uair**	petrol	**peatrol** (m.)
onion	**uinnean** (m.)	phone,	**fòn,**
open	**fosgailte**	phoning	**fònadh**
opinion	**beachd** (m.)	piano	**piàno** (m.)
opposite, in	**mu choinneamh**	picture	**dealbh** (m.),
front of			**dealbhan**
or	**no**	piece	**pìos** (m.),
orange	**oraindsear** (m.)		**pìosan**
orange juice	**sùgh orainds**	pig	**muc** (f.),
	(m.)		**mucan**
other, more	**eile**	pillow	**cluasag** (f.),
our	**ar**		**cluasagan**
ourselves	**sinn fhèin**	pint	**pinnt** (m.)
out of/from	**à**	pipe	**pìob** (f.),
out of her	**aisde**		**pìoban**
out of him/it	**às**	place	**àite** (m.),
out of me	**asam**		**àiteachan**
out of them	**asda**	plane	**plèana** (m.)
out of us	**asainn**	planting,	**a' cur**
out of you	**asad,**	sowing	
	asaibh	plate	**truinnsear** (m.),
outside	**a-muigh**		**truinnsearan**

play, playing	**cluich, cluiche, a' cluich**	priest	**sagart** (m.), **sagartan**
player	**cluicheadair** (m.)	primary school	**bun-sgoil** (f.)
please	**mas e do, ur toil e**	professor programmes	**proifeasair** **programan** (pl.)
pleased	**air (mo) dhòigh**	protect	**dìon**
pleats	**pleataichean** (m.)	proud	**pròiseil**
		psalm	**salm** (f.), **sailm**
ploughing	**a' treabhadh**	puppy	**cuilean** (m.), **cuileanan**
plumber	**plumair** (m.), **plumairean**	purple	**purpaidh**
plural article	**na, na h-**	purse	**sporan** (m.)
		put	**cuir, cur**
p.m.	**feasgar, a dh'oidhche**	quarter	**cairteal** (m.)
pocket	**pòcaid** (f.), **pòcaidean**	queen	**banrigh** (f.)
		question	**ceist** (f.), **ceistean**
poet	**bàrd** (m.)		
poetry	**bàrdachd** (f.)	rabbit	**rabaid** (f.), **rabaidean**
policeman, police	**poileas** (m.)	radio	**rèidio** (m.)
poor	**bochd**	rain	**uisge** (m.)
poor soul (female)	**brònag** (f.)	reading ready	**a' leughadh** **deiseil**
poor soul (male)	**bròinean** (m.)	reaping, harvesting	**a' buain**
porridge	**lite** (m.)		
port	**port** (m.)	red	**dearg**
Portree	**Port Rìgh**	red-haired, reddish brown	**ruadh**
posh, grand	**spaideil**		
Post office	**Oifis a'Phuist** (f.)	relations, friends	**càirdean** (m.)
postcard	**cairt-phuist** (f.), **cairtean-puist**	remember	**cuimhnich, cuimhneachadh**
postman	**post** (m.), **puist**	restaurant	**taigh-bidh** (m.)
		reward	**duais** (f.), **duaisean**
potato, potatoes	**buntàta**	right hand	**làmh cheart, làmh dheas**
power	**cumhachd** (f.)		
present participle (-ing)	**a'**	right then right, correct	**ceart ma tha** **ceart**
price	**prìs** (f.), **prìsean**	rightness, justice	**ceartas** (m.)

ring	**fàinne** (f.), **fàinneachan**	school	**sgoil** (f.), **sgoiltean**
river	**abhainn** (f.)	schoolwork	**obair-sgoile** (f.)
riverbank	**bruach** (f.)	sciatica, arthritis	**siataig** (m.)
road	**rathad** (m.), **rathaidean**	Scotland	**Alba** (f.)
rock	**creag** (f.), **creagan**	Scottish, a Scot	**Albannach**
rod	**slat** (f.), **slatan**	seagull	**faoileag** (f.), **faoileagan**
room	**rùm** (m.), **rumannan**	search for, find	**lorg**
round	**cruinn**	seasickness	**cur-na-mara** (m.)
royal	**rìoghail**	season	**àm-bliadhna** (m.)
rubbish	**trealaich** (f.)	second	**an darna**, **diog** (f.)
rug	**brat-ùrlair** (m.)	see,	**faic**,
run, running	**ruith**, **a' ruith**	seeing	**faicinn**
sad	**brònach**, **dubhach**	self	**fhèin**
sad, sorrowful	**tùrsach**	sell, selling	**reic**, **a' reic**
said	**arsa**, **thuirt**	sense	**ciall** (f.)
salary, pay	**pàigheadh** (m.)	seven	**seachd**
sale	**saor-reic** (f.)	seven people	**seachdnar**
salmon	**bradan** (m.)	seventh	**an seachdamh**
salt	**salainn** (m.)	sewing	**a' fuaigheal**
sandwich	**ceapaire** (m.), **ceapairean**	she	**i, ise**
Saturday	**Disathairne**	sheep	**caora** (f.), **caoraich**
saw	**chunnaic**, **sàbh** (m.)	sheepdog	**cù-chaorach** (m.)
say, saying	**abair**, **ag radh**, **ag ràdh, can**, **cantainn**	shelf	**sgeilp** (f.), **sgeilpichean**
		shelter	**fasgadh** (m.)
		shinty	**iomain** (f.)
		shirt	**lèine** (f.), **lèintean**
Scalpay	**Scalpaigh** (m.)	shoe	**bròg** (f.), **brògan**
scarecrow	**bodach-ròcais** (m.)	shop	**bùth** (f.), **bùthan**, **bùitean**
scarf	**sgarfa** (f.), **stoca** (m.)	shore, beach	**cladach** (m.), **cladaichean**

short	**goirid**	snowman	**bodach-sneachda**
shortbread	**aran-ìm** (m.)	sock,	**stocainn** (f.),
should	**bu chòir do**	stocking	**stocainnean**
shoulder	**gualainn** (f.)	soft,	**bog**
shower	**fras** (f.),	wet	
	frasan	soldier	**saighdear** (m.),
showing,	**a' sealltainn**		**saighdearan**
looking		some	**air choreigin,**
sick	**tinn**		**feadhainn** (f.)
side	**taobh** (f.)	someone	**cuideigin** (m.)
silly	**gòrach**	something	**rudeigin** (m.)
similar to	**coltach ri**	sometime, once	**uaireigin**
simple	**sìmplidh**	(past)	
since	**o chionn**	somewhere	**an àiteigin**
singer	**seinneadair** (m.)	son	**mac** (m.),
singing	**a' seinn**		**mic**
sister	**piuthar** (f.),	song	**òran** (m.),
	peathraichean		**òrain**
sister-in-law	**piuthar-chèile**	son-in-law	**cliamhainn** (m.)
sit,	**suidh,**	soon	**a dh'aithghearr**
sitting	**suidhe**	sore	**goirt**
six	**sia**	sorry	**duilich**
six people	**sianar**	sort of, kind of	**seòrsa**
sixth	**an siathamh**	south	**a deas**
size	**meud** (f.)	Spain	**an Spàinn**
ski-ing	**a' sgitheadh**	Spanish (adj.)	**Spàinneach**
skin	**craiceann** (m.)	Spanish language	**Spàinntis**
skirt	**sgiorta** (f.),	speak, speaking	**bruidhinn,**
	sgiortaichean		**a' bruidhinn**
sky	**adhar** (m.)	special	**sònraichte**
sleep	**cadal** (m.)	spectacles	**speuclan,**
sleepy	**cadalach**		**speuclanan**
slippers	**bonnagan** (m.pl.)		**(m.),**
slippery	**sleamhainn**		**glainneachan**
slow	**slaodach,**		**(m.)**
	socair	spend,	**caith,**
small piece	**bloigh** (m.)	spending	**caitheamh**
small,	**beag**	spill,	**dòirt,**
little		pour,	**dòirteadh**
smoking	**a' smocadh**	pouring	
sneezing	**a' sreathartaich**	spot	**spot** (f.)
snow	**sneachda** (m.)	spouse	**cèile** (m./f.)

spring	**an Earrach**	sunny	**grianach**
square	**ceàrnach**	sure, certain	**cinnteach**
square (address)	**ceàrnag** (f.),	sweat	**fallas** (m.)
	ceàrnagan	sweater, jumper	**geansaidh** (m.)
stairs	**staidhre** (f.)	sweep,	**sguab,**
stamps	**stampaichean**	sweeping	**sguabadh**
	(f.pl.)	sweetheart	**leannan**
stand,	**seas,**	sweets	**suiteas** (m.)
standing	**seasamh**	swim, swimming	**snàmh**
stars	**rionnag** (f.),	table	**bòrd** (m.),
	rionnagan		**bùird**
station	**stèisean** (f.)	table tennis	**teanas-bùird**
steps	**steapaichean**	tablecloth	**cuibhrig-bùird**
	(m.pl.)	tail	**earball** (m.),
stick	**bata** (m.)		**earbaill**
Stirling	**Sruighlea** (m.)	take a	**tog dealbh**
stomach	**stamag** (f.)	photograph	
stone	**clach** (f.),	take, taking	**gabh,**
	clachan		**gabhail**
stop (bus stop)	**stad** (m.)	tartan	**tartain** (m.)
stop, stopping	**sguir, sgur**	taste	**blais, blasad** (m.)
storm	**gaillean** (f.)	tea	**teatha** (f.),
Stornoway	**Steòrnabhagh**		**tì** (f.)
stream	**allt** (m.),	teach,	**teagaisg,**
	uillt	teaching	**teagasg**
street	**sràid** (f.),	teacher	**bean-teagaisg** (f.),
	sràidean		**fear-teagaisg**
striped	**srianach**		(m.),
strong	**làidir**		**tidsear** (m.),
student	**oileanach** (m.),		**tidsearan**
	oileanaich	teddy bear	**teadaidh** (m.)
'stuff'	**stuth** (m.)	teen	**deug**
sugar	**siùcar**	telephone	**fòn** (f.),
suit	**deise** (f.),		**fònaichean**
	deiseachan,	television	**telebhisean** (m.)
	trusgan (m.)	tell, telling	**innis,**
summer	**an Samhradh**		**innse,**
Sunday (the	**Didòmhnaich**		**ag innse**
day of the		ten	**deich**
Lord		ten people	**deichnear**
Sunday (the	**Latha na Sàbaid**	tenth	**an deicheamh**
Sabbath day)		thank you	**tapadh leat/leibh**

thanks	**taing** (f.)	throughout	**air feadh**
that	**sin,**	thumb	**òrdag** (f.),
	ud		**òrdagan**
that over there,	**siud**	thunder	**tàirneanach** (m.)
yonder		Thursday	**Diardaoin**
that, which, who	**a**	ticket	**ticead** (f.)
the day before	**a' bhon-dè**	tidy, neat	**sgiobalta**
yesterday		tie	**taidh** (f.)
the fifth	**an còigeamh**	tied, tethered	**ceangailte**
the first	**a' chiad**	time	**àm** (m),
the fourth	**an ceathramh**		**amanan,**
the Loch Ness	**Uilebheist Loch**		**tìde** (f),
Monster	**Nis**		**ùine** (f.)
the ninth	**an naoitheamh**	tinker	**ceàrd** (m.),
theatre	**taigh-cluich** (m.)		**ceàrdan**
their	**am,**	tired	**sgìth**
	an	Tiree	**Tiriodh** (m.)
themselves	**iad fhèin**	to	**do, ri**
they	**iad,**	to, towards	**gu**
	iadsan	to be	**a bhith**
thin, narrow	**caol**	to be liked by	**còrdadh,**
thing	**rud** (m.),		**còrd** (followed
	rudan		by **ri**)
thinking	**a'**	to dare	**dùirig + do**
	smaoineachadh	to her	**dhi,**
third	**an treas**		**rithe,**
thirst	**pathadh** (m.)		**thuice**
this	**seo**	to him	**ris, dha,**
this year	**am bliadhna**		**thuige**
three	**trì**	to last	**seas**
three people	**triùir**	to me	**dhomh,**
through	**tro**		**rium,**
through her	**troimpe**		**thugam**
through me	**tromham**	to ride	**marcachd**
through the	**tron**	to tease	**tarraing à**
through them	**tromhpa**	to the	**chun,**
through us	**tromhainn**		**dhan**
through you	**tromhad**	to them	**dhaibh,**
through you	**tromhaibh**		**riutha,**
(pl./pol.)			**thuca**
through, through	**troimhe**	to us	**dhuinn, ruinn,**
him/it			**thugainn**

to you	dhut, riut, thugad	Uist	Uibhist (f.)
to you (pl./pol.)	dhuibh, ruibh, thugaibh	Ullapool	Ulapul (m.)
		uncle	uncail (m.)
		under	fo
today	an-diugh	underpants ('drawers')	drathais (f.)
toe	òrdag (f.), òrdagan	understand, understanding	tuig, tuigsinn, a' tuigsinn
together with	còmhla ri		
toilet, toilets	taigh-beag (m.), taighean-beaga (m.pl.)	underwear	fo-aodach (m.)
		United States	na Stàitean-Aonaichte
tomorrow	a-màireach	university	oilthigh (f.)
tomorrow night	an ath-oidhch'	up (movement)	a-nuas
tonight	a-nochd	up (location)	shuas
too	ro	upward	suas
too much	cus	useful	feumail
toothache	an dèideadh (m.)	using	a' cleachdadh
		usually	is àbhaist
top	mullach	very	glè
towel	searbhadair (m.), tubhailt (f.)	very well (health)	gu dòigheil
town	baile (m.), bailtean	video	bhideo
		visit, visiting	cèilidh (f.), cèilidhean, a' cèilidh
toys	dèideagan (f.)		
train-set	trèan'-ùrlair (f.)		
tree	craobh (f.), craobhan	voice, word	guth (m.), guthan
trouble	dragh (m.)	vomiting	a' dìobhart
trousers	briogais (f.), briogaisean	waiting	a' feitheamh
		wake, waking	dùisg, dùsgadh
truth	fìrinn (f.)		
try, trying, taste, tasting	feuch, feuchainn	walking	a' coiseachd
		wall	balla (m.)
Tuesday	Dimàirt	wanting	ag iarraidh
tummy	mionach (m.)	war	cogadh (m.), cogaidhean
turkey	turcaidh (m.)		
turnip	snèip (f.)	warm	blàth
twenty	fichead	was born	rugadh
two	dà/'dhà	wash, washing	nighe
two people	dithis	water	bùrn (m.), uisge (m.)
ugly	grànnda		

way,	**dòigh** (f.),	will come	**thig**
manner	**dòighean**	will do	**nì**
we	**sinn, sinne**	will go	**theid**
wealthy	**beairteach**	will not	**cha**
weather	**aimsir** (f.),	will not be	**cha bhi**
	sìde (f.)	will see	**chì**
weaving loom	**beairt** (f.)	wind	**gaoth** (f.),
wedding	**banais** (f.),		**gaothan**
	bainnsean	window	**uinneag** (f.),
Wednesday	**Diciadain**		**uinneagan**
week	**seachdain** (f.),	windy	**gaothach**
	seachdainean	wine	**fìon** (m.)
weekend	**deireadh-**	winter	**an Geamhradh**
	seachdain (m.)		(m.)
welcome	**fàilte** (f.)	wipe,	**suath,**
well	**gu math,**	wiping	**suathadh**
	uill	wise	**glic**
well (of water)	**tobar** (f.),	wish	**dùrachd** (f.),
	tobraichean		**dùrachdan**
went	**chaidh . . .**	with her,	**leatha**
wet	**fliuch**	belonging	
what . . . ,	**abair**	to her	
what a . . .		with him,	**leis**
what?	**dè?**	belonging	
wheel	**cuibhle** (f.),	to him	
	cuibhlichean	with me,	**leam**
when	**nuair**	belonging	
when?	**cuin?**	to me	
where	**far**	with them,	**leotha**
where?	**càite?**	belonging	
a while	**greis** (f.)	to them	
whisky	**uisge-beatha**	with us,	**leinn**
	(m.)	belonging	
white	**geal**	to us	
who?	**cò?**	with you,	**leat**
why?	**carson?**	belonging	
wide	**farsainn**	to you	
widow	**banntrach** (f.)	with you,	**leibh**
wife,	**bean** (f.),	belonging	
woman	**mnathan**	to you	
wild, stormy	**fiadhaich**	with, belonging	**le**
will . . . be?	**am bi?**	to	

woman, female person	boireannach (m.), boireannaich, tè	yes	seadh
		yesterday	an-dè
		yet, still	fhathast
		yonder	ud, siud
wood	coille (f.), coilltean	you	thu, tu
		you (pl./pol.)	sibh, sibhse
wool	snàth (m.)	young	òg
word	facal (m.), facail, faclan	your (pl./pol.)	ur
		your (sing./inf.)	do
		yourself (sing./inf.)	thu fhèin
work	obair (f.), obraichean	yourself/selves (pl./pol.)	sibh fhèin
world	saoghal (m.)		
worse	nas miosa	youth	òige (m.)
worst	as miosa		
would . . . be?	am biodh?	January	am Faoilleach
would like	bu toigh le, bu chaomh le	February	an Gearran
		March	am Màirt
would not be	cha bhiodh	April	an Giblean
write, writing	sgrìobh, sgrìobhadh	May	an Cèitean
		June	an t-Ogmhìos
writer	sgrìobhaiche (m.)	July	an t-Luchar
wrong, left (hand)	ceàrr	August	an Lùnasdal (m.)
		September	an t-Sultain (f.)
year	bliadhna (f.), bliadhnaichean	October	an Dàmhair (m.)
		November	an t-Samhain
yellow	buidhe	December	an Dùbhlachd

Gaelic–English glossary

a + lenition	address, vocative form
a	her
a + lenition	his
a	that, which, who
à	out of, from
a + lenition	to a person, place
a bheil?	am, is, are?
a bhith	to be
a chaoidh	for ever
a dh'aithghearr	soon
a dh'aois	old, of age
a h-uile	every
a thìde	of time
a' + lenition	definite article
a', ag	present participle (-ing)
a' baidhsagalachd	cycling
a' bàsachadh	dying
a' bhòn-dè	the day before yesterday
a' bruidhinn	speaking
a' buain	reaping, harvesting
a' call	losing
a' campachadh	camping
a' caoineadh	crying
a' casadaich	coughing
a' cèilidh	visiting
a' Challainn	Hogmanay, New Year's Eve
a' chiad	the first
a' cleachdadh	using
a' cluich	playing
a' coimhead	looking
a' coiseachd	walking
a' creidsinn	believing
a' cruinneachadh	collecting
a' cur	planting, sowing, putting
a' dannsa	dancing
a' dèanamh	doing
a' dìobhart	vomiting
a' dol	going
a' fanaid	mocking, making fun of
a' fàs	growing
a' fighe	knitting
a' fuaigheal	sewing
a' gàireachdainn	laughing
a' gàradaireachd	gardening
a' leughadh	reading
a' peantadh	painting
a' pòsadh	marrying
a' reic	selling
a' ruith	running
a' sealltainn	looking, showing
a' seinn	singing
a' sgitheadh	ski-ing
a' smaoineachadh	thinking
a' smocadh	smoking
a' sreap	climbing
a' sreathartaich	sneezing

a' tighinn	coming	agam	at me
a' tòiseachadh	beginning, starting	aghaidh (f.), aghaidhean	face
a' treabhadh	ploughing	aghaidh	mask
a' tuigsinn	understanding	choimheach (f.)	
a-mach	movement outwards	agus	and
		ag èisdeach	listening
a-mach air a chèile	fallen out, quarrelled	ag iarraidh	wanting
		ag innse	telling
a-màireach	tomorrow	ag ionnsachadh	learning
a-muigh	outside	ag ithe	eating
a-nall	over towards	ag òl	drinking
a-nis	now	ag ràdh	saying
a-nochd	tonight	aice	at her
a-nuas	up	aig	at
a-null	over (away from)	aige	at him
		aimsir (f.)	weather
a-raoir	last night	ainm (m.), ainmean	name
a-rithist	again		
a-staigh	inside	air	on, on him
a-steach	movement inwards	air ais	back, backwards
abair	what . . . , what a . . .	air beulaibh	in front of
		air choreigin	some
abair, ràdh	say, saying	air cùlaibh	behind
		air falbh	away
abhainn (f.), aibhnichean	river	air feadh	throughout
		air (mo) nàireachadh	embarrassed, ashamed
aca	at them		
ach	but	air (mo) dhòigh	pleased
achadh (m.), achaidhean	field	àireamh (m.), àireamhan	number
acras (m.)	hunger	airgead (m.)	money
ad (f.), adan	hat	airson	for, in order to
adhar (m.)	sky	aisde	out of her
adhbhar (m.), adhbharan	reason	aiseag (f.), aiseagan	ferry
agad	at you	àite (m.), àiteachan	place
agaibh	at you (pl./pol.)	àiteigin	somewhere
		àlainn	beautiful
againn	at us		
agallamh (m.)	interview	Alba (f.)	Scotland

Albannach,	Scottish,	**an urrainn?**	can . . . ?
Albannaich	a Scot	**an-dè**	yesterday
Alba Nuadh (f.)	Nova Scotia	**an-diugh**	today
allt (m.),	stream	**an-dràsta**	now
uillt		**an-dràsd' 's**	now and again
àm (m.),	time	**a-rithist**	
amanan		**an-seo**	here
am	the,	**an-sin**	there
	their	**an-siud**	yonder, there
am bi?	will . . . be?	**an-uiridh**	last year
am biodh?	would . . . be?	**ann,**	in him, in it,
am bliadhna	this year	**ann/anns**	in
am faca?	did . . . see?	**annad**	in you
am faod?	may?	**annaibh,**	in you (pl./pol.),
am feum?	must?	**annainn**	in us
amadan (m.),	fool	**annam**	in me
amadain		**annta**	in them
Amaireaga	America	**antaidh** (f.),	aunt
Amaireaganach	American	**antaidhean**	
àm-bliadhna (m.)	season	**aodach** (m.),	clothes
amhaich (f.)	neck	**aodaichean**	
an	the,	**aodach-leap** (m.)	bed linen, sheets
	their	**aois** (f.)	age
an ann?	is it?	**aon**	one
an asgaidh	free	**aon air fhichead**	twenty-one
an ath-oidhch'	tomorrow night	**aon deug**	eleven
an ceathramh	the fourth	**aonranach**	lonely
an còigeamh	the fifth	**aosda**	old
an darna	the second	**ar**	our
an deicheamh	the tenth	**àraidh**	special
an dèidh	after	**àradh** (f.),	ladder
an dòchas gu	hoping that	**àraichean**	
an e?	is it?	**aran** (m.)	bread
an naoitheamh	the ninth	**aran coirce** (m.)	oatcake
an robh?	was? were?	**aran eòrna** (m.)	barley bread
an seachdamh	the seventh	**aran-flùir** (m.)	flour bread,
an siathamh	the sixth		scones
an t-	the	**aran-ìm** (m.)	shortbread
an t-ochdamh	the eighth	**àrd**	high, tall
an toiseach	first of all	**àrd-sgoil** (f.)	high school,
an treas,	the third		secondary
an trìtheamh			school

armailt (m.)	army	**bàrd** (m.), **bàird**	poet
arsa	said	**bàrdachd** (f.)	poetry
ás	out of him, out	**bargan** (m.)	bargain
	of it, out of . . .	**bàrr** (m.)	top
as dèidh	after	**bàrr** (m.)	cream
asad, asaibh	out of you	**barrachd**	more
asainn	out of us	**Barraigh**	Barra
asam	out of me	**bàs** (m.)	death
asda	out of them	**bàsaich,**	die,
Astràilia	Australia	**bàsachadh**	dying
Astràilianach	Australian	**bascaid** (f.),	basket
athair (m.),	father	**bascaidean**	
athraichean		**bata** (m.),	stick, walking
athair-cèile (m.)	father-in-law	**bataichean**	stick
atharrachadh	change	**bàta** (m.),	boat
(m.)		**bàtaichean**	
b'àbhaist + do	used to	**bàthach** (f.)	byre
b' àill leibh?	pardon?	**beachd** (m.)	opinion
b' fheàrr leam	I would prefer	**beag**	small, little
baga (m.),	bag	**beagan** (m.)	a little
bagaichean		**beairt** (f.)	weaving loom
bàidhsagal (m.)	bicycle	**beairtach**	wealthy
baile (m.),	town	**bealach** (m.)	mountain pass
bailtean		**bean** (f.),	wife, woman
baile-mòr	city	**mnathan**	
bainne (m.)	milk	**beannachd** (f.),	blessing
balach (m.),	boy	**beannachdan**	
balaich		**beannag** (f.)	headscarf
balgam (m.)	mouthful	**bean-phòsda**	Mrs
balla (m.),	wall	**bean-taighe** (f.)	housewife
ballachan		**bean-teagaisg** (f.)	teacher
ball-coise (m.)	football	**beatha** (f.)	life
balùinean (m./pl.)	balloons	**beathach** (m.),	animal
bàn	fair	**beathaichean**	
banais (f.),	wedding	**beinn** (f.),	mountain, hill
bainnsean		**beanntan**	
banaltrum (f.)	nurse	**beò**	alive
banamhaighstir	Mrs	**beul** (m.)	mouth
banca (m.),	bank	**Beurla** (f.)	English language
bancaichean		**bha**	was, were
banrìgh	queen	**Bhatarsaigh** (m.)	Vatersay
banntrach (f.)	widow	**bheir**	will give

bhideo,	video
bhidio (f.)	
bhiodh,	would be
bhitheadh	
bhithinn	I would be
bho,	since,
bhon	from
bhuaibh	from you
	(pl./pol.)
bhuainn	from us
bhuaipe	from her
bhuaithe	from him
bhuam	from me
bhuapa	from them
bhuat	from you
biadh (m.)	food
biast (f.),	beast
biastan	
bìd, bideadh	bite, biting
bidh, bithidh	will be
Bìoball (m.),	Bible
Bìobaill	
blàr (m.), **blàir**	battle
blasad (m.)	taste
blàth	warm
bliadhna (f.),	year
bliadhnaichean	
blobhsa (m.)	blouse
bloigh (m.)	small piece
bò (f.), **crodh**	cow
boban (m.),	bobbin
bobain,	
bobannan	
bochd	poor
bocsa (m.),	box
bocsaichean	
bodach (m.),	old man
bodaich	
Bodach na	Father Christmas
Feusaig,	
Bodach na	
Nollaig'	

bodach-ròcais (m.)	scarecrow
bodach-sneachd (m.)	snowman
bodhar	deaf
bog	soft, wet
Bogha Mòr (m.)	Bowmore
bòidheach	beautiful
boireannach (m.), **boireannaich**	woman
bonaid (m.), **bonaidean**	bonnet
bòrd (m.), **buird**	table
bòrd-sgeadachaidh (m.)	dressing-table
bòsd, bòsdadh	boast, boasting
botal (m.), **botail**	bottle
bracaist (f.), **bracaistean**	breakfast
bradan (m.), **bradain**	salmon
brat-ùrlair (m.)	rug
bratach (f.)	flag, banner
brathair (m.), **bràithrean**	brother
bràthair-cèile (m.)	brother-in-law
breab (m.)	kick
breac	spotted, speckled
breac (m.), **bric**	trout
brèagha	beautiful
breith	birth, giving birth to
briogais (f.), **briogaisean**	trousers
brioscaid (f.)	biscuit
bris, briseadh	break, breaking

briste	broken
bròg (f.), **bròagan**	shoe
bròg-sheòmair (f.)	slipper
broilleach (m.)	breast, chest
bròinean (m.)	poor soul (male)
brònach	sad
brònag (f.)	poor soul (female)
brot (m.)	broth
bruach (f.), **bruaichean**	riverbank
bruich, bruiche	boil, boiling
bruidhinn	speak, speaking
bruis (f.), **bruisean**	brush
bruis-fuilt (f.)	hairbrush
bu	it was, was
bu chaomh le	. . . would like
bu chòir do	. . . should
bu toigh le	. . . would like
buail, bualadh	hit, hitting
bun-sgoil (f.)	primary school
buntàta (m.)	potato, potatoes
bùrn (m.)	water
bùth (f.), **bùthan, bùitean**	shop
bùth-leabhraichean (f.)	bookshop
cabhag (f.)	hurry
càch	the rest
caidil, cadal	sleep
cadalach	sleepy
càil	anything
caileag (f.), **caileagan**	girl
caill, call	lose, losing

cailleach (f.), **cailleachan**	old woman
cailleach-oidhche (f.)	owl
càirdean (m.)	relations, friends
càirdeil	friendly
cairt (f.), **cairtean**	card
cairt-chreideis	credit card
cairt-Nollaig'	Christmas card
cairt-phuist	postcard
cairteal (m.)	quarter
càise (m.)	cheese
caisteal (m.), **caistealan**	castle
càite?	where?
caith, caitheamh	spend, spending
càl (m.)	cabbage
campaich, campachadh	camp, camping
can, cantainn, ag radh	say, saying
cànan (m.), **cànanan**	language
caol	thin, narrow
an Caol (m.)	Kyle of Lochalsh
caora (f.), **caoraich**	sheep
càr (m.), **càraichean**	car
caraid (m.f.), **caraidean**	friend
càrn (m.), **cuirn**	cairn
carson?	why?
cas (f.), **casan**	foot, leg
cat (m.), **cait**	cat
cathair (f.), **cathraichean**	chair
ceala-deug (f.)	fortnight

ceangailte	tied, tethered
ceann (m.), cinn	head
ceannaich, ceannach	buy
ceapaire (m.), ceapairean	sandwich
cearc (f.), cearcan	hen
cearcall (m.), cearcaill	crescent, circuit
ceàrd (m.), ceàrdan	tinker
ceàrnach	square
ceàrnag (f.), ceàrnagan	square (address)
ceàrr	wrong, left (hand)
ceart	right, correct
ceart ma tha	right then
ceart gu leòr	fine, all right
ceartas (m.)	rightness, justice
ceathrar	four people
cèic (f.), cèicean, cèicichean	cake
cèile (m./f.)	spouse
cèilidh (f.), cèilidhean	ceilidh, visit
Ceilteach (m.), Ceiltich	Celt
ceist (f.), ceistean	question
an Cèitean	May
ceithir	four
ceithir air fhichead	twenty-four
ceithir deug	fourteen
ceithir fichead	eighty
ceò (m.)	mist, fog
ceòl (m.)	music
ceud (m.), ceudan	one hundred

cha	not
cha bhi	will not be
cha bhiodh, cha bhitheadh	would not be
cha chaomh leam	I don't like
cha chuala mi	I didn't hear
cha deach mi	I didn't go
cha d'fhuair mi	I didn't get
cha robh mi	I wasn't
cha tàinig mi	I didn't come
cha teid mi	I won't go
cha tig mi	I won't come
cha toigh leam	I don't like
cha toir mi	I won't give
cha tug mi	I didn't give
cha tuirt mi	I didn't say
chaidh ...	went
a' Chàisg (f.)	Easter
chan ann	it isn't
chan e	it isn't
chan eil	am not, are not, is not
chan fhaca	did not see
chan fhaod	may not
chan urrainn do	... cannot
chèile	each other
chì	will see
cho ... ri	as ... as
chuala	heard
a' Chuimrigh	Wales
a' Chuimris	Welsh language
chun	to the
chunnaic	saw
cia mheud?	how many?
ciall (f.)	sense
ciallach	sensible
ciallaich, ciallachadh	mean, meaning
ciamar?	how?
cianalas (m.)	homesickness
cidsin (m.)	kitchen
Cill Rìmhinn (f.)	St Andrews

cilo (m.)	kilo	còc (m.)	Coke
cinnteach	sure, certain	còcaire (m.),	cook
cionnas?	how?	ban-chòcaire (f.)	
cìr (f.), cìrean	comb	còcaireachd (f.)	cookery
ciùin	calm	cofaidh (m.)	coffee
ciùrr, ciùrradh	hurt	cofhurtail	comfortable
clach (f.),	stone	cogadh (m.),	war
clachan		cogaidhean	
clachan (m.)	hamlet, village	coibhneil	kind
Clachan	Callanish Stones	còig	five
Chalanais	(Lewis)	còig air fhichead	twenty-five
cladach (m.),	shore, beach	còig deug	fifteen
cladaichean		còig fichead	a hundred
clag (m.), clagan	bell	còignear	five people
clann	children	coileir (m.),	collar
clàr-bidhe (m.)	menu	coileirean	
clàrsach (f.),	harp	coille (f.),	wood
clàrsaichean		coilltean	
clèireach (m.)	clerk	coimhead	look, seem
clì	left (side, hand)	coimhead an	look after
cliamhainn (m.)	son-in-law	dèidh	
Clò Hearach	Harris Tweed	coimpiutair (m.)	computer
cluas (f.), cluasan	ear	coinneal (f.),	candle
cluasag (f.),	pillow	coinnlean	
cluasagan		coinnich,	meet,
clùd	cloth	coinneachadh	meeting
cluich, cluiche	play, playing	coinneamh (f.)	meeting
cluinn,	hear,	coirce (m.)	oats
cluinntinn	hearing	coire (f.)	blame, fault
cnàimh (m.),	bone	coire (m.),	kettle
cnàmhan		coirichean	
cnatan (m.)	cold (illness)	Colbhasa (m.)	Colonsay
cnò (f.), cnothan	nut	Colla (m.)	Coll
cnoc (m.), cnuic	hillock, knoll	coltach ri	similar to
cò?	who?	coltas (m.)	appearance
co às?	from where?	coma	indifferent
co mheud?	how many?	comann,	association,
co-dhiù	anyway	comunn (m.),	society
co-ogha (m.),	cousin	comainn	
co-oghaichean		comhairle (f.)	advice, counsel
co-latha-breith,	birthday	comhart (m.)	bark (of dog)
co-là-breith (m.)		comhfhurtail	comfortable

còmhla ri	together with	**cruaidh**	hard, cruel
companach (m.), **companaich**	companion	**crùbach**	bent over
		crùbag (f.), **crùbagan**	crab
companaidh (m.)	company	**cruinn**	round
consairt (m.), **consairtean**	concert	**cruinnich, cruinneachadh**	gather, gathering
cor (m.)	condition	**cù** (m.), **coin**	dog
còrd, còrdadh + ri	enjoy, enjoying	**cuagach**	lame, limping
corp (m.), **cuirp**	body	**cuairt** (f.)	journey, trip
corrag (f.), **corragan**	finger	**cuan** (m.), **cuantan**	ocean
cosg	cost, costing	**cù-chaorach** (m.)	sheepdog
còta (m.), **còtaichean**	coat	**cuibhle** (f.), **cuibhlichean**	wheel
cothrom (m.)	chance, opportunity	**cuibhrig** (m.), **cuibhrigean**	cover
craiceann (m.)	skin	**cuibhrig-bùird** (m.)	tablecloth
craobh (f.), **craobhan**	tree	**cuid** (f.)	some, share
craobh-shràid (f.)	avenue	**cuideachd**	also
creag (f.), **creagan**	rock	**cuideigin**	someone
creid, creidsinn	believe, believing	**cuidich, cuideachadh**	help, helping
creideamh (m.)	belief	**cuileag** (f.), **cuileagan**	fly
creutair (m.), **creutairean**	creature	**cuilean** (m.), **cuileanan**	puppy
cridhe (m.), **cridheachan**	heart	**an Cuiltheann**	Cuillin Hills
cridheil	merry, hearty	**cuimhne** (f.)	memory
na Crìochan (pl.)	Scottish Borders	**cuimhnich, cuimhneachadh**	remember
crìochnaich, crìochnachadh	finish, finishing	**cuin?**	when?
croch, crochadh	hang, hanging	**cuir, cur**	put, putting, sow, sowing
crodh (m.)	cattle	**cuireadh** (m.), **cuiridhean**	invitation
croit (f.), **croitean**	croft	**cùirt** (f.)	court
croitear (m.)	crofter	**cùirtear** (m.), **cùirtearan**	curtain
croitearachd (f.)	crofting	**cùl** (m.)	back
		Cùil-lodair	Culloden

cum, cumail	keep, keeping	**a deas**	south
cumhachd	power	**deasc** (f.), **deascaichean**	desk
cumhachd an dealain	electricity	**deich**	ten
cunnartach	dangerous	**deich air fhichead**	thirty
cunntasair (m.)	accountant	**deichnear**	ten people
cupa, cupan (m.), **cupannan**	cup	**an dèideadh** (m.)	toothache
cùramach	careful	**dèideagan** (f.)	toys
cur-na-mara (m.)	seasickness	**deigh** (f.)	ice
cur-seachad (m.), **cur-seachadan**	hobby	**deireadh** (m.)	end, conclusion
curran (m.), **curranan**	carrot	**deireadh-seachdain** (m.)	weekend
cus	too much	**deise** (f.), **deiseachan**	suit
d'	your	**deiseil**	ready
dà + lenition	two	**deoch** (f.), **deochan**	drink
dà fhichead	twenty	**deoch-làidir** (f.)	strong drink, alcohol
dà uair dheug	twelve o'clock		
dachaigh (f.), **dachaighean**	home	**deug**	teen
dall	blind	**dha**	to, to him
an Dàmhair (m.)	October	**dhà**	two
danns, dannsa	dance, dancing	**dhachaigh**	(to) home
dannsa (m.), **dannsan**	dance	**dhaibh**	to them
daoine (m.)	people	**dhan**	to the
daor	expensive	**dheth**	of him, off him
dath (m.), **dathan**	colour	**dhi**	to her
		dhinn	of us, off us
de	of	**dhiobh**	of you (pl./pol.)
dè?	what?	**dhiom**	of me, off me
deagh + lenition	good	**dhiot**	of you, off you
dealanach (m.)	lightning	**dhith**	of her, off her
dealbh (m.), **dealbhan**	picture	**dhiubh**	of them
		dhomh	to me
dealbh-cluich (f.)	play	**dhuibh**	to you (pl./pol.)
dèan, dèanamh	do/make, doing/making	**dhuinn**	to us
		dhut	to you
dearg	red	**Dia**	God
		Diardaoin (m.)	Thursday
		diathad (f.)	lunch

Diciadain (m.)	Wednesday	**drathais** (f.)	underpants
Didòmhnaich	Sunday (the day		('drawers')
(m.)	of the Lord)	**dreasa** (f.),	dress
dìg (f.), **dìgean**	ditch	**dreasaichean**	
Dihaoine (m.)	Friday	**dreasair** (m.)	dresser
dìleas	faithful		(furniture)
Diluain (m.)	Monday	**droch**	bad
Dimàirt (m.)	Tuesday	**drochaid** (f.),	bridge
dìnnear (f.),	dinner	**drochaidean**	
dìnnearan		**drùim** (m.),	back
dìochuimhnich	forget	**dromannan**	
diofar (m.)	difference	**druma** (f.),	drum
diog (f.)	a second	**drumaichean**	
dìon	protect,	**duais** (f.),	reward
	protection	**duaisean**	
dìreach	straight	**dubh**	black
Disathairne	Saturday	**dubhach**	sad
dìth (m.)	lack, need	**an Dùbhlachd**	December
dithis	two people	**dùil** (f.)	hope
Diùra	Jura	**duilich**	sorry
do	your (sing./inf.)	**duilleag** (f.),	leaf, page
do	to	**duilleagan**	
dòchas (m.)	hope	**dùin, dùnadh**	close, closing
doctair, dotair	doctor	**duine** (m.),	man, husband
(m.)		**daoine**	
dòigh (f.),	way, manner	**dùinte**	closed
dòighean		**dùirig** + **do**	to dare
dòigheil	fine, happy	**dùisg,**	wake,
domhainn	deep	**dùsgadh**	waking
dòirt, dòirteadh	spill, pour,	**dùn** (m.), **dùin**	hill fort, heap
	pouring	**Dùn Bheagan**	Dunvegan
dona	bad	**Dùn Deagh**	Dundee
donn	brown	**Dùn Eideann**	Edinburgh
doras (m.),	door	**dùrachd** (f.),	wish
dorsan		**dùrachdan**	
dorch	dark, dark-haired	**dusan** (m.)	dozen
dorchadas (m.)	darkness	**dùthaich** (f.),	country,
dotair	doctor	**dùthchannan**	countryside
dragh (m.)	trouble	**e**	he it
dàibhear (m.)	driver	**e fhèin**	himself
drathair (f.),	drawer	**each** (m.), **eich**	horse
drathraichean		**each-cairt** (m.)	cart-horse

eachdraidh (f.)	history	fadachd (m.)	longing
an Eadailt	Italy	fadalach	late
Eadailteach	Italian	fàg,	leave,
Eadailtis	Italian language	fàgail	leaving
eadar	between	faic,	see,
eadar-nàiseanta	international	faicinn	seeing
eagal (m.)	fear	faigh,	get,
eaglais (f.),	church	faighinn	getting
eaglaisean		faighnich,	ask,
an ear	east	faighneachd	asking
earball (m.),	tail	fàilte (f.)	welcome
earbaill		fàinne (f.)	ring
Earra-Ghaidheal	Argyll	fairich,	feel,
an Earrach (m.)	spring	faireachdainn	feeling
easgann (f.),	eel	faisg (air)	near (to)
easgannan		faisg air làimh	near at hand
eathar (f.),	boat	falamh	empty
eathraichean		falbh	go, going
èigh,	shout,	fallain	healthy
èigheach	shouting	fallas (m.)	sweat
èiginn (m.)	distress	falt (m.)	hair
eile	other, more	Faodaidh	May
eilean (m.),	island	faoileag (f.),	seagull
eileanan		faoileagan	
an t-Eilean	Skye	am Faoilleach	January
Sgitheanach		(m.)	
eireachdail	handsome	faradh (m.)	fare
Eirinn	Ireland	fàradh (m.)	ladder
Eireannach	Irish	farmad (m.)	envy
èirich,	get up,	farsainn	wide
èirigh	rising	fàs	grow, growing
èisd,	listen,	fasan (m.),	fashion
èisdeachd	listening	fasanan	
eòlach air	familiar with	fasgadh (m.)	shelter
esan	he	feadhainn (f.)	some people
facal (m.), facail,	word	fear (m.), fir	man
faclan		fear nam	dentist
faclair (m.),	dictionary	fiaclan (m.)	
faclairean		fearann (m.)	land
fad	the length of	fear-lagha (m.)	lawyer
fad às	far away	fear-teagaisg	teacher
fada	long, far	(m.)	

feasgar (m.), **feasgair**	afternoon, early evening
fèileadh (m.)	kilt
fèis (f.), **fèisean**	festival
feith, feitheamh	wait, waiting
feòil (f.)	meat
feuch, feuchainn	try, trying, taste, tasting
feumaidh	. . . must
feumail	useful
feur (m.)	grass
feusag (f.), **feusagan**	beard
fhalbh, (thalla)	go away
fhathast	yet, still
fhèin	self
an Fhraing (f.)	France
fhuair	got
fiadh (m.), **fèidh**	deer
fiadhaich	wild, stormy
fichead (m.), **ficheadan**	twenty
fidheall (f.), **fidhlean**	fiddle, violin
figh, fighe	knit, knitting
fìon (m.)	wine
fìor	true
fios (m.)	knowledge
fìrinn (f.)	truth
fliù	influenza
fliuch	wet
flùr (m.)	flour
fo	under
fo-aodach (m.)	underwear
am Foghar (m.)	autumn
fòn, fònadh	phone, phoning
forca (f.), **forcan, forcaichean**	fork
fortanach	fortunate
fosgail, fosgladh	open, opening
fosgailte	open
Frangach	French
Frangais (f.)	French language
fraoch (m.)	heather
fras (f.), **frasan**	shower
freagair, freagairt	answer, answering
fuachd (m.)	cold (weather)
fuaim (m.)	noise
fuar	cold
fuirich, fuireach	wait, waiting, living (in)
furasta	easy
ga	at her, at its
ga + lenition	at his, at its
gabh, gabhail	take, taking
gabh an deoch	get drunk
gabh mo leisgeul	excuse me
gach	every
gad	at your
Gaeilge (f.)	Irish language
Gaidheal (m.), **Gaidheil**	Gael, Highlander
Gàidhlig (f.)	Gaelic
gaillean (f.)	storm
gàirnealaireachd (f.)	gardening
gam + lenition	at my
gam, gan	at their
gaoth (f.), **gaothan**	wind
gaothach	windy
gar	at our
gàrradh (m.), **gàrraidhean**	garden
geal	white
gealach (f.)	moon
gèam (m.), **geamanan/achan**	game

an Geamhradh (m.)	winter
geansaidh (m.), geansaidhean	sweater, jumper
Gearmailteach	German
Gearmailtis (f.)	German language
geàrr, gearradh	cut, cutting
gearradh (m.)	cut
an Gearran (m.)	February
geata (m.), geataichean	gate
ged	although
geodha (m.), geodhaichan	cove
ge-tà	however
a' Ghaidhealtachd	the Highlands
a' Ghearmailt	Germany
a' Ghrèig	Greece
gheibh	will get
an Giblean (m.)	April
gille (m.), gillean	boy, lad
gin	any
giotàr (m.)	guitar
glainne (f.)	glass
glainneachan (m.)	glasses
glaiste	locked
glan, glanadh	clean, cleaning
glas	grey
Glaschù	Glasgow
glè	very
Gleann Comhan	Glencoe
gleoc (m.), cleoc, gleocaichen	clock
glic	wise
glùin (f.), glùinnean	knee
goirid	short
goirt	sore
goirtich, goirteachadh	hurt
gòrach	silly
gorm	blue
gràdh (m.)	love
grànnda	ugly
greas ort, greasaibh oirbh	hurry up
grèim (m.)	a hold, a grip
greis (f.)	a while
Greugach	Greek
Greugais	Greek language
grian (f.)	sun
grianach	sunny
gruth (m.)	crowdie, cottage cheese
gu	to, towards
gu dearbh	indeed
gu deimhinn	certainly
gu dòigheil	very well (health)
gu lèir	completely
gu leòr	enough
gu math	well
gual (m.)	coal
gualainn (f.)	shoulder
gunna (m.)	gun
gùn-oidhch' (m.)	nightgown
gur	at your (pl./pol.)
guth (m.), guthan	voice, word
halò	hello
hama (f.)	ham
na Hearadh	Harris
i	she
i fhèin	herself
iad, iadsan	they
iad fhèin	themselves
an iar	west
iarr, iarraidh	ask, asking

iasg (m.)	fish	làn	full
iasgach (m.)	fishing	laogh (m.),	calf
iasgair (m.),	fisherman	laoigh	
iasgairean		laoidh (f.),	hymn
idir	at all	laoidhean	
Ile	Islay	làr (m.), làir	floor
ìm (m.)	butter	latha, là (m.),	day
inbhir (m.)	mouth of a river	làithean	
Inbhir Nis	Inverness	Latha na	New Year's Day
innis,	tell,	Bliadhn' Uire	
innse	telling	Latha na Sàbaid	Sunday (the
innleadair (m.)	engineer		Sabbath day)
Innseanach	Indian	latha-breith (m.)	birthday
innte	in her	làithean-saora	holidays
iomadh	many	(m.)	
iomain (f.)	shinty	le	with, belonging to
iongantach	marvellous,	leabaidh (f.),	bed
	amazing	leapannan	
ionnsaich,	learn,	leabhar (m.),	book
ionnsachadh	learning	leabhraichean	
iosal	low	leabhar-lann (f.)	library
is	am, are, is	leam	with me,
is (agus)	and		belonging to
is àbhaist	usually		me
isd, isdibh	be quiet	lean,	follow,
ise	she	leantainn	following
isean (m.),	little bird,	leanabh (m./f.)	child
iseanan	chick	leann (m.)	beer
an t-Iuchar (m.)	July	leannan	sweetheart,
iuchair (f.),	key		darling
iuchraichean		leas (f.)	garden
làidir	strong	leat	with you,
laigh,	lie,		belonging to
laighe	lying		her
làmh (f.),	hand	leatha	with her,
làmhan			belonging to
làmh chearr,	left hand		her
làmh chlì		leibh	with you,
làmh cheart,	right hand		belonging to
làmh dheas			you
làmpa (f.),	lamp	lèine (f.),	shirt
làmpaichean		lèintean	

leinn	with us, belonging to us
leis	with him, belonging to him
leisgeul (m.)	excuse
leithid (m.)	equal, like
Leòdhas (m.)	Lewis
Leòdhasach	from Lewis
leotha	with them, belonging to them
leth	half
leth-cheud	fifty
leth-uair (f.)	half an hour
leugh, **leughadh**	read, reading
liath	grey-haired
linn (f.), **linntean**	century
lìon, **lìonadh**	fill, filling
lite (m.)	porridge
litir (f.), **litrichean**	letter
loch (m.), **lochan**	loch, lake
Loch Baghasdail	Lochboisdale
lofa (f.), **lofaichean**	loaf
lorg	search for, find
lot (f.)	allotment, croft
luaidh	dear, darling
luath	fast
luch (f.), **luchainn**	mouse
luchd- ionnsachaidh (m.pl.)	learners
Lunnainn	London
an Lùnasdal (m.)	August
m'	my
m'eudail	my darling
ma	if
mac (m.), **mic**	son
madainn (f.)	morning
maighdean (f.)	maiden, miss
maighstir	master, Mr
am Màirt (m.)	March
mairt (pl.)	cattle
Malaig	Mallaig
maol	bald
mar is trice	more often
mar sin leat, leibh	bye for now
marbh, marbhadh	kill, killing
marcaich, marcachd	ride, riding
màs (m.)	backside
mas e do, ur toil e	please
matamataigs (f.)	mathematics
math	good
màthair (f.), **màthraichean**	mother
màthair-chèile (f.)	mother-in-law
meadhan (m.)	middle
meadhanach	middling, not too well
meud (f.)	size
meur (f.), **meuran**	finger
mi	I
mi fhèin	myself
mias (f.), **miasan**	basin
mìle (f.), **mìltean**	mile, thousand
ministear (m.), **ministearan**	minister
mionach (m.)	tummy
mionaid (f.), **mionaidean**	minute
miorbhaileach	marvellous, wonderful

mìos (f.), mìosan	month
miotag (f.), miotagan	glove
mise	I
mo	my
mòinteach (f.)	moor
am Monadh Ruadh	the Cairngorms
mòr	big
mòran	many, much
mu + lenition	about
mu choinneamh	opposite, in front of
mu dheidhinn	about
muc (f.), mucan	pig
Muile	Mull
mullach (m.), mullaich	top
na	plural 'the', in his/her
na h-	in her
nàbaidh (m.), nàbaidhean	neighbour
nach do?	didn't ... ?
nach e?	isn't he/it?
nad	in your
naidheachd (f.), naidheachdan	news
nam	in my, in their
nan	in their
naoi	nine
naoi deug	nineteen
naoi air fhichead	twenty-nine
naoinear	nine people
nar	in our
nas fheàrr	better
nas miosa	worse
neapraige (m.), neapraigean	handkerchief
nì	will do
nigh, nighe	wash, washing
nighean (f.), nigheanan	girl, daughter
an Nollaig (f.)	Christmas
no	or
not (m.), notaichean	note (pound)
nuair	when
nur	in your (pl./pol.)
nursa (f.), nursaichean	nurse
o, on	from
o chionn	since
obair (f.), obraichean	work
obair-ghrèis (f.)	embroidery
obair-sgoile (f.)	schoolwork
an t-Oban	Oban
Obar-Dheadhain	Aberdeen
an Olaind (f.)	Holland
ochd	eight
ochd air fhichead	twenty-eight
ochd deug	eighteen
ochdnar	eight people
òg	young
ogha (m.), oghaichean	grandchild
an t-Ogmhios (m.)	June
oidhche (f.), oidhcheannan	night
Oidhche na Bliadn' Uire	New Year's Eve, Hogmanay
Oidhche Shamhna	Halloween
oifis (f.), oifisean	office
Oifis a' Phuist (f.)	Post Office
òige (m.)	youth, young days
oileanach (m.), oileanaich	student

oilthigh (f.), oilthighean	university	plaide (f.), plaidichean	blanket
oir	because	plèana (m.)	plane
oirbh	on you (pl./pol.)	pleataichean (m.)	pleats
oirnn	on us		
oirre	on her	plumair (m.), plumairean	plumber
ola (f.)	oil		
oraindsear (m.)	orange	pòcaid (m.), pòcaidean	pocket
òran (m.), òrain	song		
òrdag (f.), òrdagan	thumb, toe	poileas (m.), polais	policeman, police
orm	on me	port (m.), puirt	port
ort	on you (sing./inf.)	port (m.), puirt	song
		port-adhair (m.)	airport
os cionn	above	Port Rìgh	Portree
ospadal (m.)	hospital	pòs, pòsadh	marry, marrying
pàigh, pàigheadh	pay, paying	pòsda	married
pàigheadh (m.)	salary, pay	post (m.), puist	postman
pàipear (m.), pàipearan	paper	preas (m.), preasan	cupboard
pàipear-naidheachd (m.)	newspaper	prìs (f.), prìsean	price
		programan (pl.)	programmes
pàrantan (m.)	parents	proifeasair (m.)	professor
pàrtaidh (m.)	party	pròiseil	proud
pathadh (m.)	thirst	pròs (m.)	brose
Peairt	Perth	puirt-a-beul	mouth music
peantair (m.), peantairean	painter, artist	purpaidh	purple
peatrol (m.)	petrol	putan (m.), putanan	button
pìan, pìantan	pain	rabaid (f.), rabaidean	rabbit
pìàno (m.)	piano	rabhd (m.), rabhdan	nonsense rhyme
pinnt (m.)	pint		
pìob (f.), pìoban	pipe	rach, dol	go, going
pìob (f.)	bagpipes	ràinig	arrived, reached
pìos (m.), pìosan	piece	rànail	crying
piseag (f.), piseagan	kitten	rathad (m.), rathaidean	road
piuthar (f.), peathraichean	sister	reamhar	fat
		reic	sell, selling
piuthar-chèile	sister-in-law	rèidio (m.)	radio

reòite	frozen	sagart (m.),	priest
reòiteag (f.)	ice-cream	sagartan	
reothadair (m.)	freezer	saighdear (m.),	soldier
ri	to	saighdearan	
ri taobh	beside	salainn (m.)	salt
rìgh (m.)	king	an t-Samhain (f.)	November
rinn	did, made	an Samhradh	summer
rìoghail	royal	(m.),	
rionnag (f.),	star	Samhraidhean	
rionnagan		salm (f.), sailm	psalm
ris	to him, it	sam bith	any
rithe	to her	san	in the
rium	to me	saoghal (m.),	world
riut	to you	saoghail	
riutha	to them	saor	cheap
ro	too	saor (m.), saoir	joiner
roimhe	before, before	saor-làithan (m.)	holidays
	him/it	saor-reic (f.)	sale
roimhpe	before her	Sasainn	England
an Roinn-Eòrpa	Europe	Sasannach	English
romhad	before you	seacaid (f.),	jacket
romhaibh	before you	seacaidean	
	(pl./pol.)	seachad	over, finished
romhainn	before us	seachd	seven
romham	before me	seachd air	twenty-seven
romhpa	before them	fhichead	
ruadh	red-haired,	seachd deug	seventeen
	reddish	seachdnar	seven people
	brown	seadh	yes
rud (m.), rudan	thing	seachdain (f.),	week
rud sam bith	anything	seachdainean	
rudeigin (m.)	something	seall,	look,
rugadh	was born	sealltainn	looking
ruibh	to you (pl./pol.)	sean, seann	old
ruinn	to us	seanair (m.)	grandfather
ruith	run, running	seanmhair (f.)	grandmother
rùm (m.),	room	sear	eastern
rumannan		searbhadair (m.)	towel
sa	in the	seas, seasamh	last, lasting,
sàbh (m.)	saw		stand,
sabhal (m.),	barn		standing
saibhlean		seillean (m.)	bee

seinn	sing, singing	sibh	you (pl./pol.)
seinneadair (m.)	singer	sibh fhèin	yourself/selves
sèithir (m.),	chair		(pl./pol.)
seithrichean		sibhse	you (pl./pol.)
seo	this	sìde (f.)	weather
seo dhut	here you are	silidh (m.)	jam
seòladh (m.)	address	simileir (m.)	chimney
seòrsa	sort of, kind of	sìmplidh	simple
sgarfa (f.)	scarf	sin	that
sgàthan (m.)	mirror	sinn fhèin	ourselves
sgeilp (f.),	shelf	sinne	we
sgeilpichean		sionnach (m.),	fox
sgian (f.),	knife	sionnaich	
sgeinean		siorrachd (f.),	county
sgillinn (m.),	penny	siorrachdan	
sgillinn,		siùcar	sugar
sgilleanan		siud	that over there,
sgiobalta	tidy, neat		yonder
sgiorta (f.),	skirt	siuthad	go on!
sgiortaichean		slàinte (f.)	health
sgìth	tired	slàinte!	cheers!
sgoil (f.),	school	slaodach	slow
sgoiltean		slat (f.), slatan	rod
sgòth (f.),	cloud	sleamhainn	slippery
sgòthan		snàmh	swim, swimming
sgòthach	cloudy	snàth (m.)	wool
sgrìobh,	write,	sneachda (m.)	snow
sgrìobhadh	writing	snèip (f.),	turnip
sgrìobhaiche (m.)	writer	snèipean	
sguab (f.)	broom, brush	snog	nice
sguab,	sweep,	socair	slow
sguabadh	sweeping	soilleir	clear
sguir,	stop,	soitheach (m.),	dish
sgur	stopping	soithichean	
shìos	down	solas (m.), solais	light
shuas	up	sona	content
sia	six	sònraichte	special
sia air fhichead	twenty-six	spaideil	posh, grand
sia deug	sixteen	an Spàinn	Spain
sianar	six people	Spàinneach	Spanish
siar	western	Spàinnis	Spanish
siataig (m.)	sciatica, arthritis		language

speuclanan (m.)	spectacles
sporan (m.), **sporain**	purse
spot (f.), **spotan**	spot
sràid (f.), **sràidean**	street
sreap	climb, climbing
srianach	striped
sròn (f.), **sròinean**	nose
Sruighlea	Stirling
stad	stop, stopping
stad (m.)	stop (bus-stop)
staidhre (f.), **staidhrichean**	stairs
stais (f.)	moustache
na Stàitean-Aonaichte	United States
stamag (f.)	stomach
stampaichean (f.pl.)	stamps
staran (m.)	path
steap (f.), **steapaichean**	step
stèisean (f.)	station
Steòrnabhagh	Stornoway
stoca (m.)	scarf
stocainn (f.), **stocainnean**	sock, stocking
stocainn Nollaig'	Christmas stocking
stuth (m.)	'stuff'
suarach	mean, wretched
suas	upward
suath, suathadh	wipe, wiping
subhach	happy
sùgh (m.)	juice, liquid
sùgh liomain (m.)	lemon juice
sùgh orainds (m.)	orange juice
sùgh ubhal (m.)	apple juice
suidh, suidhe	sit, sitting

sùil (f.), **sùilean**	eye
suiteas (m.)	sweets
an t-Sultain (f.)	September
taidh (f.)	tie
taigh (m.), **taighean**	house
taigh-beag (m.), **taighean-beaga**	toilet
taigh-bidh (m.)	restaurant
taigh-cluich (m.)	theatre
taigh-dhealbh (m.)	cinema
taigh-òsda (m.)	hotel
taigh-tasgaidh (m.)	museum
tàileasg (m.)	chess
taing (f.)	thanks
tàirneanaich (f.)	thunder
talla (f.)	hall
taobh (f.)	side
tapadh leat, leibh	thank you
tarbh (m.), **tairbh**	bull
tarraing à	to tease
tartain (m.)	tartan
tè	woman, female person
teadaidh (m.)	teddy bear
teagamh (m.)	doubt
teagaisg, teagasg	teach, teaching
teaghlach (m.)	family
teanas-bùird (m.)	table tennis
teatha (f.)	tea
teine (m.), **teintean**	fire
telebhisean (m.)	television
teoclaid (m.)	chocolate
teth	hot
tha	am, are, is
thàinig	came
thall	over there

theid	will go	tòrr (m.)	a lot, large
thig	will come		amount
thoir,	give,	tràigh (f.)	beach, tide
toirt	giving	trang	busy
thu/tu	you	tràth	early
thu fhèin	yourself	trealaich (f.)	rubbish
	(sing.inf.)	trèana (f.),	train
thuca	to them	trèanaichean	
thug	brought	trèan'-ùrlair (f.)	train set
thugad	to you	trì	three
thugaibh	to you	trì air fhichead	twenty-three
	(pl./pol.)	trì deug	thirteen
thugainn	to us, come	triùir	three people
	along	tro	through
thugam	to me	troimhe	through, through
thuice	to her		him/it
thuige	to him	troimhpe	through her
thuirt	said	tromhad	through you
tì (f.)	tea	tromhaibh	through you
ticead (f.),	ticket		(pl./pol.)
ticeadan		tromhainn	through us
tìde (f.)	time	tromham	through me
tidsear (m.),	teacher	tromhpa	through them
tidsearan		tron	through the
timcheall	around	truagh	miserable, in
tinn	sick		a bad way
tìodhlac (m.),	gift, present	truinnsear (m.),	plate
tìodhlacan		truinnsearan	
tioram	dry	trusgan (m.)	suit
tìr (f.), tìrean	country, land	a tuath	north
Tiriodh	Tiree	tuathanach (m.),	farmer
tiugh	fat	tuathanaich	
tobar (f.),	well (of water)	tubhailt (f.),	towel
tobraichean		tubhailtean	
tog,	lift,	tuig,	understand,
togail	lifting	tuigsinn	understanding
tog dealbh	take a	tuil (f.), tuiltean	flood
	photograph	tuilleadh	more
toilichte	happy	tuit,	fall
tòisich,	begin,	tuiteam	falling
tòiseachadh	beginning	tunnag (f.),	duck
tòn (f.)	backside, bottom	tunnagan	

turcaidh (m.), **turcaidhean**	turkey	**uile**	all
tùrsach	sad, sorrowful	**Uilebheist Loch Nis**	the Loch Ness Monster
uabhasach	awful, terrible	**uill**	well
uaibh	from you	**uillt** (m.pl.)	streams
uaine	green	**uime**	about him
uainn	from us	**uimpe**	about her
uaipe	from her	**ùine** (f.)	time
uair (f.)	hour, time	**uinneag** (f.), **uinneagan**	window
uairean (f.)	hours, times	**uinnean** (m.), **uinneanan**	onion
uair	one o'clock		
uaireigin	sometime, once (past)	**uisge** (m.)	rain, water
uaithe	from him	**uisge-beatha** (m.)	whisky
uam	from me	**umad**	about you
uan (m.), **uain**	lamb	**umaibh**	about you (pl./pol.)
uapa	from them		
uat	from you	**umainn**	about us
ud	that	**umam**	about me
ugh (m.), **uighean**	egg	**umpa**	about them
		uncail	uncle
Uibhist	Uist	**ur**	your (pl./pol.)
uileann (f.)	elbow	**ùr**	new

Grammar index

Topic index